1978年5月8日、賀多勢にて。左端に高城肇社長、文芸評論家真鍋元之氏、筆者、作家棟田博氏、作家相良俊輔氏。

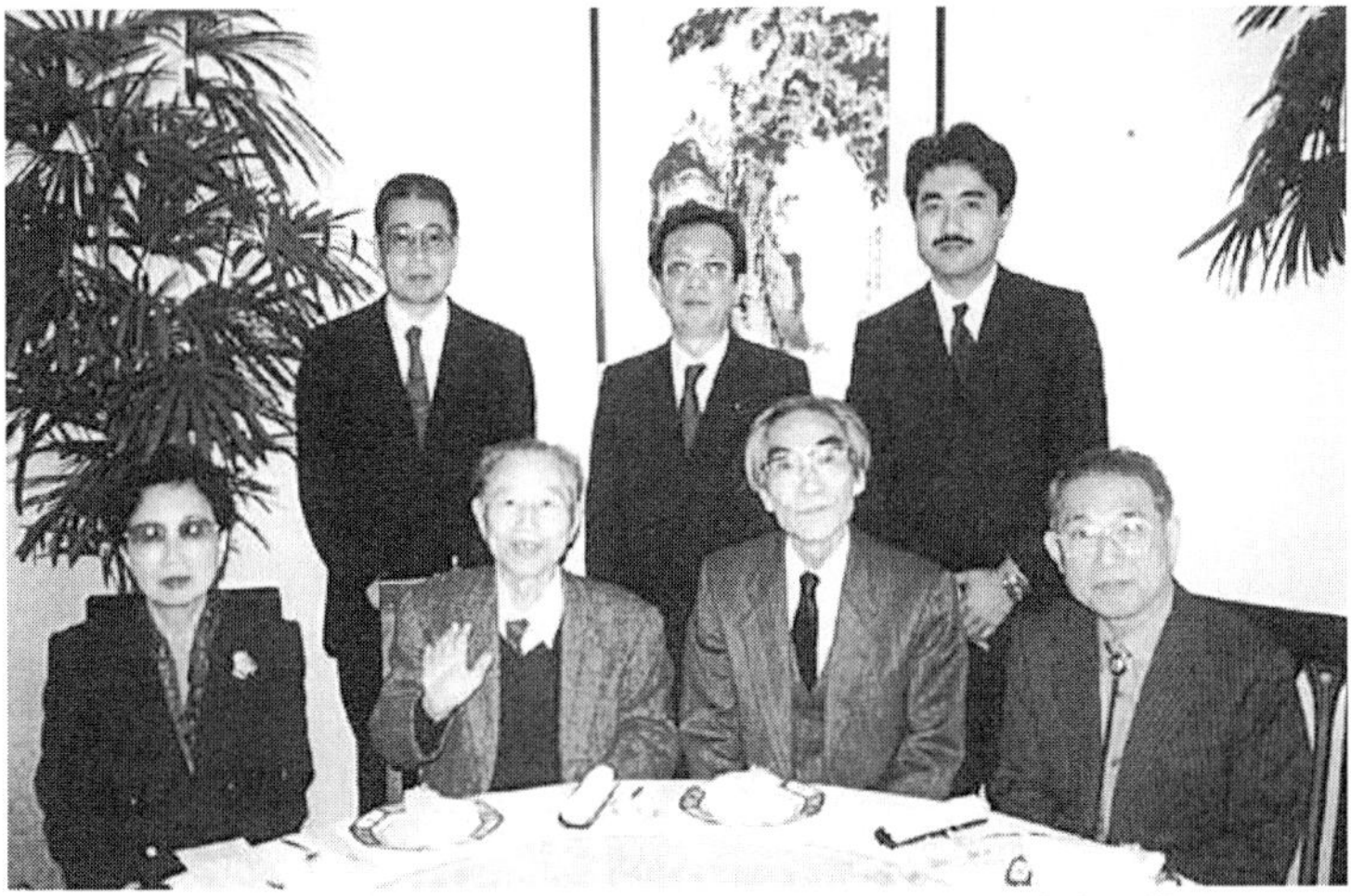

1993年11月20日、「豊田穣戦記文学全集（全20巻）」完結の祝賀会。横浜ランドマークタワーにて。前列左端に豊田穣夫妻。作家八木義徳氏、文芸評論家進藤純孝氏。後列左端に筆者、高城肇氏、高城直一氏（撮影・担当編集者藤井利郎氏）。

1987 年 2 月 10 日、田河水泡氏米寿の祝いに多くの漫画家が駆けつけた。右隅下に遠慮がちに「牛嶋義勝」と記している。

1989 年 12 月 21 日、千日谷教会での田河水泡氏の葬儀。左端に筆者、田河氏の長男夫妻。

1987 年 6 月 10 日撮影。長江下流の街・馬鞍山の李白記念碑前の作家伊藤桂一氏と筆者。

2001 年 12 月 10 日、左端から伊藤桂一氏、取次大手五社の栗田書店専務畠山貞氏、筆者。
光人社ビルの一室にて。

1985 年 8 月 9 日、グランドヒル市ヶ谷にて。福地誠夫氏の出版記念会での筆者。

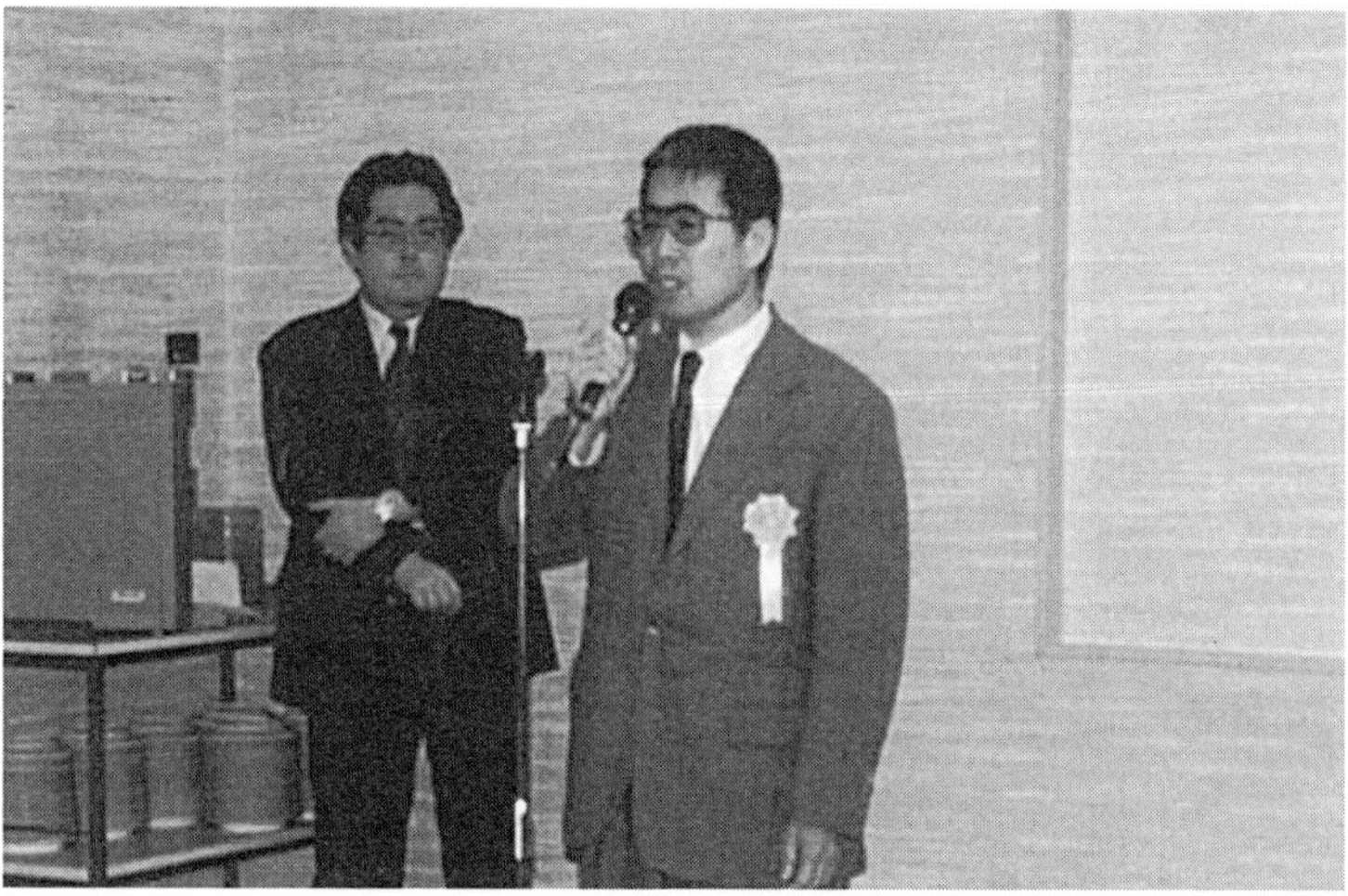
1993 年 2 月 27 日、出版クラブにて。林年秀氏の出版記念会での筆者。

1994年3月11日、高戸顕隆氏「海軍主計大尉の太平洋戦争」出版記念会。左端著者、筆者、装幀家の松田行正氏、光人社編集長内海勉氏。

2003年3月1日、作家毛利恒之氏「青天の星」出版記念会。学士会館にて。前列中央に著者、左端から筆者、高戸顕隆氏。

2003 年 8 月 20 日、帝国ホテルでの作家佐藤早苗氏を励ます会。左端が佐藤早苗氏、右端が筆者。

横須賀「パイン」にて。山本五十六、米内光政らがよく通った店。中央に上村嵐（海軍機関学校、海軍兵学校教官）氏。後列左から 3 番目に筆者。

作家小松茂朗会長主催の文芸振興会パーティー。右から２番目に作家羽田令子氏（挿絵画家・蕗谷紅児氏の少女像のモデルになった)、左隣に筆者。

作家保阪正康氏の事績を祝う会での左は現代史家今西英造氏、隣に筆者。

1986 年夏、厚生年金病院入院中の作家大野芳氏。左端筆者、右端は東京スポーツ阿部信和氏。

1991 年春、戯曲に小伝を付した新しい試み「劇物語」三部作（井上成美、山本五十六、裕仁天皇）を執筆した学究・工藤美知尋氏の自宅にて。

2009年8月13日、「江戸銀」にて。中央に作家青山淳平氏。退職記念に萩焼のぐい呑みを戴いた。左隣に同業の田口氏、右端に筆者。

2012年夏、重巡「愛宕」操舵員の小板橋孝策氏と筆者。蕨の割烹やまと。

# 編輯子の雑記帖

——雑誌・書籍づくり覚書

昭和天皇の側近侍衛官で
皇宮警視正だった父義則と母なつに捧ぐ——

# はじめに

学友の田島昭君から『九郎左衛門新田』と題された一冊の本を手渡された。彼の生まれ育った町の情景やその地に暮らす人々の姿が鮮やかに紡ぎ出されている。一気に読んで、しばし余韻に浸っていた。自然と私自身の来し方が浮かび上がってきた。

その時、出版社に籍を置いていた時代に書いたものや関連の記事などをスクラップしておいたものが、篋底に納められていることに思い至った。さっそく引っ張り出してきて目を通した。現代史家の泰斗・伊藤隆氏の言葉「『丸』時代の思い出など書かれておりますか」が思い起こされた。

そこには編輯子として、雑誌づくり、書籍づくりに没頭していた日々の証左が見て取れた。まさに「黄金の時代」の息吹があった。纏めようによっては一冊の本になりうるのではないか。そこで五つの柱を立て、雑多なものを区分けした。

第一部―面談、第二部―後記、第三部―書評、第四部―雑記、第五部―追憶である。新たに「沿革と取材」も書き加えた。

酒・ビール壜が林立し、雑誌、本、資料などが堆く積まれ、紫煙濛々たる編集部の一隅で、原稿を読み、手直しや割付けを行なって印刷所に渡す。ゲラ刷りが出てくれば校正の仕事。来訪者があれば応対し、合間を縫って取材にも出掛ける。また作家との打ち合わせも日常だった。

遅れてスタートした編集者人生だったが、苦しんだり、迷ったり、悩んだりの連続だった。その間には進退伺い、始末書、降格処分等の試練にも直面した。しかし、多くの執筆者や読者の存在、励ましが四十三年という長丁場の燈火となった。雑誌や書籍の見本が出来上がってきた日には、枕元に置いて寝たものだ。

社風の一端を伝えてはいるものの私記に過ぎない本書だが、冥途へ旅立つ前の置き土産のつもりで上梓した。御叱正を賜りたい。

【編輯子の雑記帖／目次】

三　西河克己著『白いカラス』
四　片岡紀明著『日本人の志』
五　伊藤桂一著『伊藤桂一時代小説自選集』（全三巻）
六　杉野計雄著『撃墜王の素顔』
七　碇義朗著『迎撃戦闘機「雷電」』
八　ジョン・トーランド著　千早正隆訳『勝利なき戦い　朝鮮戦争』
九　生出寿著『戦場の将器　木村昌福』
一〇　佐藤早苗著『特攻の町・知覧』
一一　岡田和裕著『囚人部隊』
一二　土井全二郎著『歴史から消された兵士の記録』
一三　赤沢八重子著『私記・くちなしの花』
一四　高橋五郎著『ゼロ戦黙示録』
一五　早瀬利之著『将軍の真実』
一六　C・ソルバーグ著　高城肇訳『決断と異議』
一七　井上理二著『駆逐艦磯風と三人の特年兵』
一八　星亮一著『天風の海』

## 第四部──雑記　177

# 第一部——面談

## 一　白門マスコミ人名録

牛嶋さんの経歴は少々変わっている。変わっているといっても、それは特別なものではない。人間は意志さえあれば、そしてそれに努力さえ怠らなければ目標に達することができるという証明であり、諦めてはいけないという忠告にもなっている。

大学を出るまでの牛嶋さんは、特に変わったところがあったわけではない。昭和十七年、東京・赤坂で生まれた牛嶋さんは、中央大学附属高校から中央大学法学部法律学科に進学する。六〇年安保の年であった。牛嶋さん本人には文学志向があったが、警察官だった父親のすすめで法律を専攻することにした。しかし、どうも法律になじめなかった。いつも何か本を読んでいた。それ以外は友達たちと麻雀をやっているうちに四年が過ぎた。就職するとき、牛嶋さんはマスコミ界に進もうという気はなく、貿易会社に入社した。営業マンとして東奔西走した。

昭和三十九年、大学を出てサラリーマンになった牛嶋さんは四年間、会社を転々とした。貿易会社からキャッシュレジスターの会社へ、さらに信販会社に移籍した。どうも何かが違うという印象があり、シナリオライターの養成講座に通ったり、コピーライターの養成講座に顔を出したりした。自分は職業の選択を誤ったのではないかという思いが次第に強くなってきたのである。大学を出て五年目になっていた。サラリーマンとしてそろそろ中堅の位置にいた牛嶋さんは、それから一念発起、出版社に入り直し編集者として再出発するのである。途中入社で光人社に入った牛嶋さんは、戦記ものの雑誌『丸』の編集に携わり、後に単行本の編集を担当するようになる。

本が読めて、お酒が飲める生活ができればそれでいいと思っていた。牛嶋さんにとっての理想の生活が始まった。いい本を作ろう、息が長くいつまでも読んでもらえる本を作ろうという牛嶋さんの熱意は本作りに生かされ、光人社の本は少しずつ広く浸透していくようになる。光人社は出版した本を絶版にしない出版社として知られている。坂井三郎さんの『大空のサムライ』という本など、四十年以上前に出版され、現在なお刷りを重ねている。光人社の会社としての姿勢も、ごまかしを嫌う牛嶋さんにぴったり合ったのである。

光人社編集部での「中央大学学員時報」インタービュー。

二十五年にわたる編集者生活で著者との思い出にもさまざまなものがある。直木賞作家で光人社から十八冊の本を出版している伊藤桂一氏は中国への取材旅行にどうしても牛嶋氏に同行してもらいたいと申し出てくれたという。多忙の牛嶋さんが、そういうことでもなければ旅行にも行けないことを察してのことだった。著者にそこまで頼りにされる編集者はそう多くないだろう。

忘れられない作家といえば、さきごろ亡くなった豊田穣氏がいる。光人社から二十巻の戦記全集を刊行していた豊田氏は、去年の秋、全集完結を前にして、牛嶋氏をはじめとする担当者を横浜のレストランに招待してその労をねぎらったというのである。豊田氏はそのとき自分の生命がそう長くないことを知っていて、長年のお礼を牛嶋さんに言ったというのである。人情が紙の如く薄くなり、人間と人間の付き合いが表面的な事務的なものになっている現在、牛嶋さんの周囲には、人間らしい人間が常に集まっていることの証拠といえるのではなかろうか。

つまり著者をはじめ、取次会社の担当者、広告代理店の社員、印刷会社、製本会社のサラリーマンなど、どういうわけか牛嶋さんの周囲にはきちんとした黙々と自分の仕事をやり遂げる人が集まってくるのである。だから牛嶋さんの出す本はロングセラーとしての生命を持っているのであろう。要するに人間はきちんとした生き方をしていればそれでいいということなのに違いない。そういう生き方を牛嶋さんは一貫しているのである。

出版社で働きたいと望む学生諸君に対しては、とにかく貪欲に興味を持ち、好奇心を失わないようにしてもらいたいと牛嶋さんは願っている。学校の成績がいいからと出版社に入ったものの、好奇心が枯れてしまい、つまらない人間になってしまった人を牛嶋さんは数多く見てきたというのである。光人社としては、これからは女性読者を増やすようにするのが目標だとのことだが、牛嶋さんならきっと成功するに違いない。

（一九九四年四月二十五日　中央大学学員時報　聞き手・鳥海忠）

## 二　出版界リポート

よもやま——四方山と書く。さまざま、いろいろなことを意味するが、光人社のよもやま物語シリーズは、ただ一筋にかつての日本陸海軍各兵科のさまざまな話を集めて、出版しつづけている。

昭和五十五年三月に、小林孝裕の『海軍よもやま物語』を出版したのが、その嚆矢であった。編集担当取締役の牛嶋義勝の話によると、出版のいきさつは次の通りだった。

「隔月刊誌『丸』のエキストラ版に、出版の三年前から連載していたものでした。かつての帝国海軍の仕組み、生活、そこにだけ通じた言葉などを、今の若い人に分かるように書いてもらったら面白いのではないかとはじめたものでした。連載中にも、老若男女を問わず幅のひろい読者からの反響がありました」

筆者は、満十七歳で海軍に入り、敗戦で放り出されるまでの七年四ヵ月を、海軍に捧げた海軍上等整備兵曹だった。感受性豊かな青春期を海に捧げて、青春の思い出はすべて鋼鉄の城の中と、蒼空の涯とにあるという人物——おあつらえ向けだった。

出版界は「軽薄短小」ブームのトバ口にあった。光人社はその軽薄ムードに合わせて、こと海軍に関するコマ切れ情報を、四百字原稿二枚から五枚程度にまとめ、イラストをふんだんに入れて、どのページを読んでも面白く読める体裁の本にしたのだった。

「その手軽さがよかったのでしょう。『海軍よもやま物語』は、現在までに三十刷、十八万部、続、続々を加えると三十万部のベストセラーになっています。この本とほとんど同時期に新潮社から『海軍めし炊き物語』が出ましたが、その相乗効果で足も早かったようです」

光人社の陸・海・空の軍隊よもやま話がシリーズ化するのは、この成功があったからだった。もともと、この社の出版物はすべてが、日本の戦史、軍人の評伝、戦記シリーズで成っていた。

戦力を放棄した戦後の日本に、戦いに関する書籍ばかりを出版する理由は、「戦争の事実を知ることによって知る平和の有難さ」を、広く行き渡らせるためだった。牛嶋の言葉によると、「戦争の真実を、きちんと伝えてその実体をわかってもらい、二度と戦争を起こさないためです」ということになる。

三百五十点に上るその種の本で、最高のベストセラーになったのは、坂井三郎の『大空のサムライ』正・続編だった。零戦を駆って出撃すること二百余回、敵機大小六十四機を撃墜した「撃墜王」の栄光の記録だった。

よもやまシリーズは、シリアスな戦記、戦史ものに対し、浴衣がけで読める軽妙洒脱なイラスト・エッセイだった。光人社が傍流に、よもやまシリーズをもってきて、現在までに四十五点も出し続けるのは、若い人を戦記・戦史ものにひきこむ戦略構想でもあった。

きちんとした戦記好きの人には、食い足りない内容でも、イラストやマンガをたくさん入れ、コマ切れにして、どこからでも読める本づくりをしてみると、読者層が満遍なくひろがってゆく感じだった。

「四十五点で、その延べ部数は百四十五万部ほどになっているでしょうか。最初の頃から比べると、やや出足が鈍くなり、今は初版一万二千から五千部程度を出していますが、ほとんどのものが、重版になっています」

本らしい本が、初版三千から五千部で、重版は望むべくもない時代に、一万台の初版で重版につなげられるシリーズは、いまどき珍しい。平和を希求しながら、知られざる軍隊生活の話を知りたいという若い層が、確実に存在する証左であろう。

牛嶋は、戦記ものの潜在読者は一万五千人はあり、出版すればこの程度、売れるだろうと読んでいる。

ところで、潜在読者はいても、その要望に応える書き手がいないことには、需要は充たされない。軍隊生活の体験者が、五十半ばを越えている現代、書き手の発見はどうしているのであろうか。

「うちには、雑誌の『丸』があって、書けそうな人には『丸』で書いてもらっています。また、全国の戦争体験者から、私家版を送ってきますので、その中から選べますし、面白い軍隊体験をもっていて、書いてみたいと言ってくるケースも多い。また、戦友会の名簿を見て探したり、会誌に掲載されたものを読んで頼む場合もあります」

三十点も四十点も続いていると、陸海空から、兵科別に細分化され、衛生兵から、かまたき兵まで登場してくることがある。比留間弘のように、一人で五点のよもやま話を書く人もあれば、作家の棟田博や村上兵衛、豊田穣を起用する場合もある。

「その作家の例ですが、棟田先生には『分隊長の手記』とか『拝啓天皇陛下様』などの定評のある作品が多いのに『陸軍よもやま物語』の反響がいちばん大きかったそうです。電話や手紙を通じて、長い間にわたり反響が伝えられたそうですが、これは軍隊体験者は懐かしさから、非体験者は、取っ付きやすい記述で、身近に軍隊生活が感じられたからでしょうか」

編集担当の牛嶋義勝も、第二次大戦末期に生まれた「戦争を知らない世代」なのである。

（一九八七年六月二十二日　週刊読書人　聞き手・塩澤実信）

## 三　専門出版社の市場戦略「人の考え方」を売る

「戦争という極限状態においては真の人間性が現われる。そこに戦記物の面白さがある」

（光人社常務取締役出版部長・牛嶋義勝）

光人社は昭和四十一年三月の創業以来、多数の戦記物を出版してきた。発行点数は優

光人社のスタッフ。前列右端が筆者。

に一〇〇〇〇点を超え、現在の稼働点数は約七〇〇〇点。「光人社の本は九〇％以上がロングセラー」と謳うように、当時ベストセラーとなった出版第一弾の実松譲著『米内光政』（六五年九月刊、現在八万部）をはじめ、長く読み継がれているものが多い。特に坂井三郎著『大空のサムライ（正・続）』（六六年五月刊）は海外でも翻訳され、それぞれ一一三刷り、七〇刷と一〇〇万部を超え、他にも小林孝裕著『海軍よもやま物語』（八〇年二月刊、二〇万部）、松永市郎著『先任将校』（八四年四月刊、一〇万部）、生出寿著『知将秋山真之』（八五年十一月刊、一二万部）などロングセラーが多数。今でも単行本は年間約四〇点、近年創刊した光人社NF（ノンフィクション）文庫は月三点・年間三六点のペースで精力的に出版している。

「出版した本は潰さないし、最初から潰れる

ような本は出さない。戦記物とはいえ、文学性を考え「人の考え方を売る」が編集のコンセプト」（牛嶋氏）

読者層は、以前は戦前戦中の戦争体験者が多く読者年齢も高かったが、最近は幅広い層から読まれており、特にビジネスマン読者の増加が目立っている。『大空のサムライ』などはNF文庫でも発行され、読者は十代から七十代まで、大手スーパーや自動車ディーラーなどの営業マン教育に使われることもあった。また、特攻隊関係のものは女性にも人気が高い。

「伊藤桂一氏の著作なら、全て買うという熱心な読者もいる。潮書房で出している月刊誌『丸』や写真集などは若いマニアのファンも多い。エンターテインメントとしての単なる体験記ではないので、若い読者にも充分対応できると思う」（牛嶋氏）

販売はもっぱら書店の店頭がメイン。全国の有力書店、ビジネス街の書店、駅ビル内書店、空港売店などの客層の幅広い書店でよく売れる。特に独自の販売ルートは持っているわけではないが、企業PRパンフや戦友会の機関紙（海原会の「水交」、海交会の「海交」など）等で本を紹介してもらうことも多く、大きな宣伝となっている。以前は読者カードをもとにリストを作り、新年には新刊案内とともに年賀状を送りPRすることもあったという。

戦記物出版は体験記の開拓から始まるが、年を経るごとに当然、戦争体験者は減っている。また、世代の交代に合わせ、読者人口の減少は免れないことでもある。

「まだ眠っている体験記は多い。例えば、祖父が死んで身辺整理をしていたら、当時の日記が出てきたので使ってほしい、などとコンタクトを取ってくる読者もいる。しかし、危機感を感じていることも事実だ。今後は戦記物だけに限らず、古勝信子著『女ひとりロンドンを駆ける』のように女性読者を意識したものや、松井茂著『謎の軍事大国北朝鮮』、山本峯章著『小沢一郎の深謀なる戦略』など、時局的なものまで範囲を広げていきたい」と牛嶋氏は語る。

（一九九四年十二月十五日　新文化　聞き手・朋）

# 第二部——後記

## 一　丸別冊『戦争と人物』編集室から

＊太平洋戦争は、海戦の勝敗が戦局の帰趨を分けた感がある。連合艦隊の艦艇と航空機が果たした役割はそれほど大きかったといえるだろう。開戦前、偉容を誇った連合艦隊も、見るも無残な結末を迎えなければならなかった。だが、将兵の力戦奮闘ぶりは称賛に値すると思われる。国運を、生死を賭した戦いの中から学ぶべきものは数多くある。それらは注意深く洞察することにより、生きる指針ともなりうるだろう。若者たちの死が、新しい時代の人類の平和に資することを願うばかりだ。

＊陸海軍航空はなやかなりし頃、多くの若者が大空に憧れ、飛行機乗りをめざして航空隊の門を潜った。少年の身で戦闘機乗りを志した矢沢昭郎氏は、「ただただ、飛行機に乗りたかったからだ」と述懐している。

＊今日の航空機の発展ぶりはめざましいものがある。その大本に、より高度な軍用機の開発に注がれた先人たちの情熱と努力と祈りがあったことは認識されるべきだろう。「零戦」に代表される幾多の名機、数多のエースを生んだ事実は、日本人として誇りに思ってもよ

いのではないか。

＊指揮官（リーダー）と参謀という構図は、社会生活を営む人間にとって永遠の命題であろう。手許に「先任将校」（光人社文庫）という本がある。本号でも執筆されている松永市郎氏の労作だが、この中には指揮官と参謀のありようが如実に差し示されている。乗艦が敵潜水艦の魚雷を受けてサマール島沖で沈没。百九十五名の乗員が比島めざして六百キロ、十五日間、カッターを漕いで奇蹟の生還を遂げる話だ。救助を待つか陸岸をめざすか、最先任の二十七歳の小林大尉が決断を下す。その意を体し、目標達成に次席将校の松永氏があたる。何度読んでも奥行きの深さを感じる。

＊「キミィ、山本五十六なんてのはたいしたもんじゃない。ただの博奕打ちだよ」「戦争はキミィ、海軍が始めた（海南島占領）んだよ」等々、大きな目をギョロリとさせながら、歯に衣きせぬ伝法口調が今も耳朶に鮮やかだ。読売新聞、毎日新聞記者として活躍された岡田益吉氏を、自宅にお訪ねした折りの一齣である。戦時中は陸軍省詰め記者として数多の将軍の謦咳に接し、陸軍の気風もよく知る氏の口から語られる証言には「歴史の立会人」といった趣《おもむき》があった。必ずしも氏の史観に与するものではないが、少なくとも明治人の気骨というものを感じさせられた。

＊二十数年前の夏の一日、栗田艦隊参謀長小柳冨次少将を御自宅にお訪ねしたことがある。お伺いした目的は「レイテ海戦」のことではなく、小園安名大佐を首謀者とした［厚木航空隊叛乱事件」の公判についてお聞きするためであった。小柳少将は横須賀鎮守府で行なわれた臨時軍法会議の裁判長をつとめていたからである。玄関口に出てこられた令夫人に案内されて和室に通されると、そこには和服を纏い、座卓の前に端座されている元少将の姿があった。そのとき一瞬、厳粛な感情が私を襲った。［古武士」というものを、眼前に見た思いがしたからだ。

＊「丸」十一月号の写真頁に、ラバウルの花咲山を背景に、翼の上を板とヤシの葉でおおった整備中の零戦二一型が掲載されている。この写真について本号に御登場願った坂井三郎氏から、直接御電話を頂いた。「機体をカムフラージュするためにヤシの葉をかぶせているのではない。この地は直射日光が強烈なので、燃料タンクが過熱してベーパー・ロックを起こす。それを防ぐために、板とヤシの葉で二重におおっているのだ」と。まさに時代、場所に居合わせた当事者ならではの指摘。歴史を正しく伝えていくことの難しさと共にそんな責任の重さも痛感した。

＊軍司令部で情報収集に当たっていた実松譲元大佐は、九十一歳になられたが、御元気そのもので、執筆に意欲を燃やしておられる。一度、病に倒れて半身が不自由になられたも

ののこれを克服した。いささかの頭脳の衰えも見せず、いまなお挑戦しつづける姿勢には、襟を正す思いだ。

＊戦前、航空文学賞を受賞したこともある作家秋永芳郎氏が亡くなられた。病床で最後まで書きたいテーマを、幾つも熱っぽく静夫人に語られていたという。時代小説、戦記、鉄道物など幅広く活躍された。数年前に著わした大部の労作「満州国」が遺作となった。御冥福を祈りたい。

＊最前線に送り込まれた初年兵に、古参兵が、鉄拳を含めた厳しい対し方をする。これを一面で見れば、新兵イジメともいえる。しかし他面では、弾丸雨飛の中での生を全うさせるための愛のムチだともいえなくはない。よく引き合いに出されるが、修業を積み重ねた高僧ががんの宣告を受けた途端、食欲がなくなり死を早めたという。だがこれも、自らの死期を悟り、絶食して安心立命の境地で逝ったともいえる。表面的、一面的事象からの判断は危険だろう。

＊文士・豊田穣氏が遺されたものは深く、重い。先生との日日が鮮烈に蘇る。有難うございました。

＊高校の社会科教科書に、東郷平八郎を採り上げることが、帝国主義教育の復活につながるとして論議を呼んだ。だが、少なくとも日本海海戦を戦い、勝利をもたらした提督を知ることが批判の対象になるなど、他国では考えられないことだ。自国の歴史を色眼鏡で見たり、語ることは、自らを貶め、他者をも侮蔑することになるのに気がつかない。先人の辿った道を直視する、それがリデル・ハートの「戦争を知って平和の尊さを知る」ことになるのではないか。

＊病床から届けられた『横川省三伝』が富沢繁氏の遺作となった。残念だ。御冥福をお祈りいたします。

＊あの大戦争が終わってから、五十年を迎えようとしている。まさに半世紀だ。戦争の風化がいわれて久しいが、しかしその歴史を教え学ぶ努力を、私たち日本人は等閑にしすぎているのではないか。歴史をどう伝えるかには、確かに難しい問題がつきまとう。しかし、時代を限定しての御都合主義的「侵略」一辺倒史観では、日本という国の未来は暗い。

＊戦場小説の第一人者、伊藤桂一先生は、七年に及ぶ軍隊体験をお持ちだが、鎮魂の思いをこめて綴られる作品群は実に鮮烈劇的で、戦争を知らない世代にも、戦争を、人間というものを考えさせてくれている。

＊碇義朗氏に『海軍空技廠』という大部の労作がある。戦後日本が技術大国となりえた、その大本の出発点のひとつがここにあったといえる。その工員養成所に、十四歳で入所した櫻井光男氏は、こう語っている。「幼な心を希望に燃やし、各小学校のエリートが集まった。海軍技術の基礎にある、われわれ海軍養成所出身者。これらの技術者が各分野に散り、日本の祖国再建のために励んで今日の経済大国日本を築き上げてきた。その苦難の歴史は、今なお私たちの心の中に生きている」と。先人たちの努力、心組みを噛みしめてみる必要があるのではないか。

＊日本陸軍戦闘機隊エースの第二位（四八機撃墜）にランクされている穴吹智氏にお会いしたのは一五年余も前のことになる。初対面とは思えず、人なつこい笑顔にひきこまれた。磊落な氏の人柄の良さを如実に示すものであったろう。「不器用で粘り強く努力してゆくタイプ」という氏の人知れぬ精進が、天性の資質に磨きをかけたのだ。視力二・〇という特性と頑強な体力を活かし、「大胆にして細心」を拠所に、名機とはいえない「隼」を駆り、勝ち抜いた。一六〇センチ、六三キロだった氏は今はやや太めだが、充実自適の日々を夫人と過ごしておられる。

＊国破れて五十年目を迎えた。未曽有の殺戮戦はこれまで正しく伝えられ、認識されてき

ただろうか。過ちをくりかえさないためにも、戦争は語りつづけなければならないだろう。ともあれ、大東亜戦争では、数多の名もなき兵士たちが戦いの野に斃れた。私を抑え、公のためによく戦った彼らの尊い犠牲によって、今日の日本人は平和と繁栄を享受しているのだ。海軍の下士官だった小板橋孝策氏は「下士官たちの太平洋戦争」で、最前線で戦いに臨んだ多くの下士官の生と死を記したが、悲惨さの中にも雄々しく敢闘した兵士の姿が描かれていて感動的だ。

*駆逐艦照月の主計長として南太平洋海戦、第三次ソロモン海戦、ガ島輸送作戦を戦いぬいた高戸顕隆氏は、先頃『海軍主計大尉の太平洋戦争』を上梓したが、海戦の実相がじつにみごとに描写されていて胸奥を激しく揺さぶられた。生と死の、極限の状態に身を置いた若き戦士たちを目前にして、彼らに語りかける何ものをも持たぬ自分を意識した。今もガダルカナルの海底深くに眠っている数多の乗組員たちは、現在の日本を、日本人をどのように見ているのだろうか。そういう先人たちに生かされている己れを思うとき、微力でも平和に貢献したいと念じている。

*ドイツ軍のポーランド進攻によって始まり、日本の降伏で幕が閉じるまで、六年間にわたって戦われた第二次大戦では、連合軍四十七ヵ国、枢軸国八ヵ国、計五十五ヵ国が参戦した。戦死者四千万、うち二千五百万が民間人だ。史上未曽有の殺戮戦といってよい。ア

メリカではこの戦争を「四兆ドル戦争」と呼んでいるという。膨大な戦費を費消したからだ。それにしても、人類はこの戦いから一体、何を学んだのだろうか。朝鮮戦争、ベトナム戦争、湾岸戦争、加えて数多の紛争、内戦は枚挙に暇がない。この世に戦争がなくなる日が来ることを切望してやまない。

＊本号で「日系人の戦後五十年」を執筆された平本（旧姓井上）敦代氏は、ＣＭ制作や女性週刊誌の記者を経て日系三世と結婚、アメリカに渡り、現在サンフランシスコの北米毎日新聞社でジャーナリストとして大活躍しておられる。氏がここで取り上げた四人の日系人の戦中戦後も過酷なものだが、日系人の数だけ悲しみ、苦しみがあったことになる。戦争というもののこの世の地獄を知りながら、地上から争いは今も絶える時がない。平和な楽園がくるために微力を傾注していきたい。ともあれ、才媛の美少女の面影を失わない古き良き友人である氏の益々の活躍を祈りたい。

＊ラモウ、騰越等の玉砕は名著『菊と龍』に詳しいが、この本を執筆された相良俊輔氏に随って九州に取材に行った折、ラモウの生き残りという人に思いがけなくも会うことが出来た。昭和四十六年のことで、その時まで戦友会など表に出ることはなかったという。この人の場合、重い傷を負って人事不省のところを、米軍に助けられて命をとりとめたのだが、仲間が玉砕したのに、捕虜となって生き残ったことに負い目を感じていたのだ。良く

戦って、結果生還したのだから恥じることはない。どころか、死んでいった戦友のためにも、実りある生涯を送ってもらいたいとエールを送ったことだった。

＊「不沈の潜水艦長」の異名をとった板倉光馬氏は、何度も危機に遭遇しながら、そのつど強運を発揮して死地を脱しえた名艦長だが、中でも次の話は痛快だ。浮上中、敵機に発見された艦長は、とっさに乗員に「帽振れ」を命じた。味方艦艇と思った敵機が反転したところを「急速潜航」で海中へ。敵機の切歯扼腕ぶりが目に浮かぶようだ。この機転、発想、決断力、運を呼び込む日頃の修練などには見習うべきものが多い。氏の回想記を数冊つくらせていただいたが、慈愛あふれる人間味に接することができて大変幸運だったと思っている。まさに［古武士］の名にふさわしい氏の御壮健を心から祈りたい。

＊海軍大将、連合艦隊司令長官、吉田善吾邸に、故大将夫人をお訪ねしたのは、昭和四十八年頃のことだった。大将は海相当時、三国同盟締結阻止に尽瘁し、志半ば病に倒れた。米内光政らに連なる海軍の良識派だった。応接間に座った時、往時、多数の人々がこの場所で、大将と膝を交えていたことを思い、不思議な感慨に打たれた。この思いは、米内光政邸に、子息の剛政氏をお訪ねした時にも味わったことだった。歴史が、この場、その時につくられていったということへのときめきであったのだろう。ともあれ、今の日本を、泉下の大将たちは、どのような思いで見ているのであろうか。

＊日本陸軍には［良識派］ないしは［理性派］といわれる軍人たちがいる。今村均、小野寺信、磯田三郎ら相当数をあげることができる。アッツ、キスカ方面司令官だった樋口季一郎中将もその一人だ。将軍はヒトラーの恫喝をはねのけ、数万人のユダヤ難民を飢餓と凍死から救った。エルサレムの丘に建つ「黄金の碑」に、ユダヤの偉人たちと並んで将軍の名が刻まれている。相良俊輔氏の『流氷の海』に詳しいが、将軍の子息・季隆氏が『父・樋口季一郎』を書き遺されている。氏は二年前に亡くなったが、存命中に出版できなかったのが悔やまれる。近いうちに将軍の息吹を伝えたいと思っている。

（一九九三年一月〜一九九六年四月）

## 二　丸別冊『戦史と旅』編集室から

＊自虐、という語はまさに今日の日本を体現している。自国の歴史を正しく教えもせず、ただ謝罪のみの国に未来などあるはずがない。矜持を失い、志をなくした「滅公奉私」の国と人はどうなるのだろうか。諦めずに努力を続けるのみ。

＊厳しく辛い修業を乗り越え、或る境地に達した［高僧］を感じさせたのが、共に働いた

茶山信男君だった。亡くなるひと月前、病床の彼と一時間ほどとりとめのない会話を交わしたのだったが、終始、笑みを絶やさなかった。また彼と話したい。

＊アジア音楽の名プロデューサー柴田英里（＝英子）氏は「オリコン」誌で西欧的考え方と日本的やり方という哲学を披瀝されている。帰国子女の氏は、特攻に関する資料を読み漁っているが、豊かな感性から良い作品が紡ぎ出されることだろう。

＊一人の［大和撫子］がいる。声を聞き顔を見ると、自然に力が湧いてくる。芯は強いが濃やかで温かなその人柄に心安らぐからだ。亡国の輩が跋扈する落日の国に、K・Mのような人がいることは嬉しい。お嬢の幸せを祈るは切なり。

＊平本敦代氏の実弟・井上義久氏が五十一歳で亡くなった。『二代目政治記者覚え書き』と題する大部の自伝を遺されたが、海部内閣成立に力あった氏の人脈の広さ深さはさすがだ。正義感あふれる熱血の［記者魂］から学ぶものは多かった。

＊超ロングセラーの絵本「ノンタン」シリーズの作家・清野幸子氏は、娘ミカさんとともに、T6の訓練を受け、免許を手に入れた。アメリカに在住しているのだが、日本とは違い、旧日本軍機を大事にする国民性に共感を覚えるという。

＊小学生の時に出会った松本零士氏のアニメに影響を受け、『B29の残したもの』を追い続ける仲村明子氏は、地を這うような取材を重ね、抑制した筆致で戦争の残酷さを伝える。「エヴァンゲリオン」エッセイでも活躍中の氏を応援したい。

＊小料理「鳥政」常連客恒例の秋旅行で野沢温泉に出かけた。飲み続けの車中には笑いが絶えない。宿の「住吉屋」は戦後に「のらくろ」が番頭として働いた処で、田川水泡氏も贔屓にした。宿主の河野さんとも旧交を暖められ感激であった。

＊親孝行したい時には親はなし、とは良く言われることだが、長寿の双親を持ちながら未だに責を果たさぬ輩がいる。親に先立たぬが最高の恩返しなどとほざいて生来の頑健さを恃みに鯨飲する。節酒誓うその傍から一杯また一杯。嗚呼！

＊「晩年運が良い」とはある占い師の御託宣だが、実に気強い限りだ。長寿のわが父母から貰った頑健な軀を武器に、酒は百薬の長とばかり心通う友らと桃源郷に絶えず憩う。まさに活力の源だ。願わくば命数尽きる時、笑って死なん。

＊地元水泳クラブの仲間は老いも若きも男も女も元気明朗。水浴び後は珈琲を飲みながら

の談論風発が恒例だ。中に二人の老戦士がいる。シベリア帰りの池渕隆一主計少尉、輓馬重砲兵の橘勲兵長だ。往時を語る時、まさに青年そのものとなる。

＊修業を重ねた道元禅師が、道を説くため里に出た。一人の老婆に素朴な問いを発せられる。師は答えられない。これまでの苦行は何だったのかと愕然とする。高僧にして然り。況や凡夫においておや。只管斗酒なお辞せず精進あるのみ。

＊「猫の妙術」なる武術伝えがある。五匹の猫と剣術修行者との問答から成っているのだが、道を極めた猫が言う。「我あるが故に敵あり。我なければ敵なし。対する者なき時は角ぶる者なし」と。武道を学んで久しいが、未だ悟道にほど遠し。

＊「死」というものを強烈に意識したのは十一歳の時だった。遊び仲間が忽然と消えたからだ。納得がいかず寂寥感に襲われた。以来「死」は身近になった。軍人は如何に戦い死すかを己に課す。「死」があるから「生」を慈しみ燃焼できるのだ。

＊わが父は今年八十四歳を迎える。大腿部にできた肉腫の幾度かの手術を克服し矍鑠たるものだ。父を越える日が来ると高を括っていたが、頂上は遙か彼方に霞むのみ。父の子であることに誇りを持ち、少しでも近づく修養あるのみ。

＊夏が来ると母は八十六になる。小町娘と評判をとったその面差は歳経ても変わらない。［マザコン蕩児］にとって母は今も掛替えのない存在だ。無私の愛を注いでくれた母に唯々感謝あるのみ。母に贈る〈向日葵の咲く道辿る母子連れ〉。

＊アカデミー賞にノミネートされた話題の映画をたて続けに見た。「プライベート・ライアン」「シン・レッド・ライン」「恋に落ちたシェイクスピア」――どの作品もよくできており、十分に映画の面白さを満喫することができた。見ている時にその哲学的難解さが気になったが、「シン・レッド・ライン」の映像が今も鮮やかに蘇る。日本軍本拠地が陥ち、斃れてゆく兵士たちの姿に不意に目頭が熱くなったのは、どうしてだったのか。

＊今年の夏も苗場山に登る。同行するのはスポーツクラブの気の合った八名ほどの面々。ある時、有志だけで禿山・鳥甲山に挑んだ。炎天下、脱水状態となり、汗か涙か死ぬ思いの下山だった。だが苦あれば楽あり。秘境秋山郷・切明、山裾の川の露天に浸かって飲むビールの旨いこと。まさに桃源郷。日暮れるや宿の露天風呂で垢を落とし酒池肉林となる。部屋に戻り宴はなおも続く。かくて心身共に爽快。新たなる戦いが始まる。

＊八月の初旬、鹿児島を訪れた。特攻基地知覧がその目的だった。前日空港に降り立った

時は雨模様でひんやりしていたが、この日はかんかん照りで暑かった。バス停知覧から特攻記念館までの道は思いのほか遠かった。燈籠の続く坂道を登り切ると汗が一気に噴き出た。食堂に入りビールで涼をとる。館内は若い人たちで溢れていた。彼らに混ざり館内を巡る。自然に涙が滲む。軀の中が熱くなった。天文館の夜、戦士を偲び鯨飲した。

＊タロウは十四歳。柴犬の雑種だが至って元気だ。ただ茶の毛並みは白に変わり視力も衰え耳も遠くなった。ノラだった彼は、一歳のころ左後肢が脱臼したため歩行も辛そうだった。獣医に診て貰ったその時、重いフィラリアに罹っていて短命だと宣告された。彼は山茶花の根方に眠る兄貴分の黒い哲学犬ゴンの扱きにも耐え続けた。今は雄猫モコ、雌猫うずら、外猫のミーと黒ピカ、新入りの捨て猫兄弟チビとクロに刺激されて老いる暇もない。

＊山本周五郎の研究家として令名の高い木村久彌典氏は闘病中だが、執筆意欲は益々旺んだ。一時期、私は周五郎の作品を読み耽ったが、解説の多くを手掛けている木村氏の、周五郎をよく知る氏ならではの読み方に感銘を覚えた。太宰治から周五郎への道を木村氏も辿ったことを知り親密感も抱いた。『なんの花か薫る』という作品が特に私は好きなのだが、岡場所に身を置くお新の心根に衝撃を受けた。今もその時の感動は鮮やかだ。

＊「シニアのためのパソコン教室」に学んで二ヵ月、「タッチおじさん」は苦闘の連続だった。

マウスもキーボードも触ったことのない超メカ音痴に加えて筋金入りの不器用。生徒は熟年の十人限定、先生を含め指導者五人。教室では何とかなっても自宅でノートパソコンに向かうと、突然メカは駄々をこね、おじさんの頭はパニック。深夜に先生の家に電話したり補講も屢々。だがインターネット、Eメールの設定、操作も今は完璧（?）だ。

＊アカデミー賞受賞作「アメリカンビューティ」を見た。休日だったのだが人は疎らだった。アメリカ中流家庭の病める現実がリアルに写し出される。スタートフィルムの父親殺しを恋人にもちかける娘の言葉、表情は強烈だ。ホモ、不倫、麻薬、リストラ、セックスレス、親子の断絶等病巣は深い。中年の父親は悲惨な結末を迎えるのだが、彼の述懐に涙が滲む。生きることの意味を突き付けられた。身内から勇気が湧き起こってきた。

＊アカデミー賞の呼び声が高い「グラディエーター」を見た。ローマ帝国を舞台にした一大スペクタクルドラマだ。親殺しから始まった新皇帝と将軍の暗闘はコロシアムでの対決で幕を下ろすのだが、剣闘シーンやローマ軍とゲルマニア軍の戦闘等は圧巻だ。皇帝の息子は父親の愛は将軍にあって自分にないと思い蛮行に及ぶが、昨今の親殺し乃至子殺しの根底には何があるのだろうか。問題にすべきは日本の病んだ現状自体であろう。

＊道元禅師について書かれた或る書物を読んだ。これまでにも『正法眼蔵』などを眺め齧

ったことはあるが理解を越える時空だった。今［Zen At War］という本を編集しているが、禅僧が如何に戦争と関わったかが窺い知れて興味は尽きない。オークランド大学助教授で僧籍を持つB・ヴィクトリア氏の労作だ（近刊。光人社）。相沢三郎、杉村五郎中佐ら軍人にも禅は多大な影響を与えている。開祖道元の肉声を知るためにも再度著作を繙き、「如何に死すべきか」を考える道標としたい。

＊親孝行したい時には親はなし、とはよく言われることだが、幸せなことに父八十五歳、母八十七歳、まだ健在だ。この年まで親不孝の私を待ち続けてくれた両親には感謝あるのみだ。父は今年八月に入院手術し一ヵ月ほどで退院した。母は昨年十二月に入院手術し同期間で家に戻った。兄弟四人総領の甚六は妹弟に両親の介護を押しつけた格好で、年に数度の訪問でお茶を濁している。こんな不届き者をそれでも両親は許してくれているのだが、申し訳ない気持で一杯だ。

＊ＭＩＳＩＡにしろ小柳ゆきにしろ、歌唱力のある若手歌手の台頭は嬉しい限り。昨年の日米野球のセレモニーで小柳ゆきが両国国歌を歌ったが、痩身小柄な十八歳の女性の歌声に肺腑を抉られた。その声量、巧みさ、ソウル的歌い方、立ち居振舞すべてが驚きだった。アメリカの選手たちは帽子を胸にあてがい、厳粛な面持で彼女の歌に共鳴しているかのようだった。その後の君が代も実に懐かしい気持で聞くことが出来た。彼女の存在に勇気づ

けられたのは私だけではあるまい。

＊裁判官がどういう人でどんな仕事を行なっているかは多くの人にとってわかりにくい。だが刑事事件は後を絶たぬ。司法制度の見直し等が論議されている中、元東京高裁裁判長岡村治信氏が『裁判官の仕事』を上梓された。折しもテレビでは木村拓哉が型破りの検事を演ずる「ＨＥＲＯ」や深津絵里が行政書士役で奮闘する「カバチタレ」が高視聴率を稼いだ。いずれもマンガ的ではあっても、真実を掬い出そうとする戦いがあった。法は常に我々と隣り合わせの存在の筈だ。

＊ソ連とドイツの壮絶なる市街戦を描いた「スターリングラード」（原題エネミー・アト・ザ・ゲーツ）に涙した。戦闘シーンの迫力はノルマンディー上陸作戦をリアルに再現した「プライベートライアン」をも凌ぐ。まさに阿鼻叫喚、修羅の連続だ。英雄に仕立て上げられた主人公のスナイパーは等身大の自己を取り戻したいと願いつつも狙撃に命を賭ける。彼を斃すために送り込まれた独軍の好敵手との息詰まる対決。人は時代を選べないということを思い知らされた。

＊『ルソンの谷間』で直木賞を受賞した江崎誠致氏が亡くなった。作品は兵士として比島山中を彷徨した自らの体験を礎に描いた戦記文学の傑作だ。文壇本因坊の栄誉を担った氏

は囲碁の著作も多いが、晩年は中国にも屢々足を運び、碁を通して日中友好に力を注いでいた。荻窪の氏の室には幾つもの碁盤が用意されており、何組も烏鷺を戦わせることが出来た。酒も強かったが、いくら飲んでも乱れることはなかった。孤高の人だったといえるが、慈愛の人でもあった。祈冥福。

＊終戦の日、夜七時から十一時まで新宿ロフトプラスワンで、トークライブ［補註］（第二部末頁）の司会をした。「太平洋戦争の記憶」（—戦争とは何か）と題して、三人の戦争体験者の話を中心に進めたのだが、百人ほど集まってくれた聴衆は若い人が多く、場内は熱気に溢れていた。書物からでしか知り得なかった実戦談を、直接耳に出来たという感動が伝わってきた。友人の若き小学校の先生も来てくれたが、語られる生々しい海戦の様相に慄然としたという。「戦争の事実」を伝えていくことの重要さを再認識した。

＊或る雨の夜、散歩に出かけたカミさんが生まれたばかりの猫を拾って帰ってきた。足先が白いだけで毛艶の悪い真っ黒な仔猫はぐったりしていた。道傍にいる時は大きな声で助けを求めていたというが、それは必死の叫びであったのだろう。風邪を引いていて眼元はぐちゃぐちゃだった。翌日獣医に連れて行った。「先天的畸型で両眼がない」という獣医の言葉に驚かされた。だが「チーチャン」と名付けられた猫は、我が家族の一員となってトイレの場所も覚えて走り回っている。

＊戦争文学の最高峰・伊藤桂一先生が日本芸術院賞・恩賜賞を昨年受賞された。二年前に亡くなられた奥様もさぞ喜ばれたことだろう。明るく優しい春風のような方だった。御夫妻の謦咳に接しられたことは私にとって僥倖である。一九八七年六月、先生と訪れた中国での十泊十一日は今も鮮やかに脳裡に蘇る。兵隊として身を置いた戦野に連れていきたいということだった。「丸」誌にも長期連載をされているが、健康に留意され、一人でも多くの兵隊の姿を語り伝えて頂きたい。

＊今も通うスポーツクラブが創設されたのが二十年前、当然のことながらその時三十歳だった人も五十歳。この移ろいの中で出会いがあり別れがあった。親密になる者もあれば疎遠になる者も、また生き別れもあれば死に別れもあった。人生無情なるかな。しかし我が畏敬する二人の先達は八十二歳と八十三歳、今も嬉々として良い汗を流し続けている。ああ壮なるかな。人生は楽しからざるや。生かされている己の生命を慈しみ燃焼するのみ。悔いなき人生の完結のために。

＊飯坂温泉でささやかな出版記念パーティーが開かれた。『ラバウル航空隊の最後』の渡辺紀三夫氏から御招待を受けて伺ったのだが、日航の元技術者藤原源吉氏を除くと他はラバウルの生き残りで、因みに記すと、渡辺氏の戦友の整備員堀川氏、百式司偵の操縦員佐

藤氏、防空隊の斎藤氏である。戦いのさ中、高射砲で敵機を落とすのだが味方機だったことが判る。死なせてしまったと思っていた斎藤氏だが操縦員は不死身だった。佐藤氏と斎藤氏の対面は実に劇的なものであった。

（一九九六年十一月〜二〇〇二年七月）

（注、「戦争と人物」「戦史と旅」は月刊「丸」の別冊として発行された。出口範樹君と共に、新しい読者の掘り起こしを意識し、若手の畠山尚君も交えて、企画・編集に取り組んだ。出口君は月刊「丸」編集部を離れ、一九八五年から一九九二年にかけて、「丸」別冊「太平洋戦争証言シリーズ」全二〇号を一人で編集してきた。この証言集は、戦争体験者が語ることの出来るぎりぎりの時機に企画・編集されたものだった。「最後の証言」といってよいものであろう。資料的価値も高い本誌は、防衛庁防衛研修所戦史室の小山氏や軍事史家の土門周平氏から、直接、編輯子がお褒めの言葉を戴き、文学青年の俤を留める出口君にも伝えた）

［補註］二〇〇一年八月十五日、作家片岡紀明氏の企画・構成に成るトークライブが開催された。司会／筆者。出演者／後藤英一郎（駆逐艦槇航海長）氏、山田穣（イ53潜航海長）氏、加藤健一郎（戦争写真家）氏。翌年八月十日に二回目のトークライブが催された。出演者／小板橋孝策（重巡愛宕操舵員）氏、田中一郎（空母瑞鳳搭乗員）氏。

# 第三部——書評

# 一　保阪正康著『陸軍良識派の研究』
## ―見落とされた昭和人物伝―

### 1

日本海軍の軍人たちの中で「良識派」と位置づけられ、呼ばれている一群の人びとがいる。山梨勝之進を筆頭に、井上成美、山本五十六、堀悌吉、米内光政ら［反戦］をとなえたトップリーダーたちである。戦うことを宿命づけられた職業軍人である彼らの苦悩は大変なものがあったであろう。

がともあれ、海軍良識派の系譜につらなる彼ら軍人たちが、海軍善玉論をはじめとする海軍のイメージ・アップに大いに寄与し、貢献したことは確かなことであろう。

しかしながら、良識派というのは海軍軍人のみに存在していて、陸軍軍人にはいないのであろうか、という問題に突き当たる。当然のことだが、そんなことはありえないのだから［悪玉の陸軍軍人］というレッテルを貼って見過ごしていていいはずはない。

著者の保阪氏は、これまでに三千人近くの陸軍軍人たちから直接話を聞き、多くの文献、書物に目を通して、「ひとつの理解を得た」という。氏はこう語る。

「人は生きる時代を選べない。大半の人は、自らが生まれた時代の理念と倫理といった規範に合わせて生きる。平時にも尊敬できる人がいる反面、軽蔑の念でしか見られない人がいるように、あの戦時下にも尊敬できる人もいれば、そうでない人がいる。歴史の功罪はむろん土台にして考えなければならないにせよ、あの時代に生きた尊敬できる人の軌跡、そしてその資質は相応の視点で検証しなければならない」と。

そうした意図から生まれたのが本書なのである。

保阪氏は日本の近代史、とりわけ昭和史の実証的研究を進め、歴史的な事件や歴史的人物に依拠した数多くの優れた著作を世に問うている。いまもっとも脂の乗り切った作家といえるわけだが、その氏の書き下ろしになる本書は、氏の永年の研鑽、蓄積の成果がみごとに表出されている。昭和史著作の大きな収穫といえるだろう。

保阪氏の言う「良識派」の意味合いは、「なんらかの自己の理念や時代を超えた感性をもち、それをもっとも重要な場面で軸にして動いた」ということであり、「凡愚で虎の威を借りるような人たちとは一線を画している」ということなのである。

良識派という言葉は、「理性派、知性派、理知派と置き換えてもよい」と氏は言っている。がしかし、「軍人という拠りどころの枠内で、理性的、知性的という意味」であり、「この大枠の中での人間的資質の中に理性や知性があるということである」と規定している。したがって、一般に言われるものとは少し温度差があるし、反戦的ということでもないのである。そしてここに良識派として採り上げられた軍人の選出基準は「私自身の主観や価値観によっている」のである。

## 2

さて、本書は総論と各論の構成になっている。第一部では陸軍良識派の意味とその系譜について論述し、第二部で良識派軍人の実像とその発想に話がすすむ。そうして第三部で昭和陸軍の実像をどう伝えるかということで、ガダルカナルで玉砕した一木支隊の生き残り兵士の生の声を伝え、また軍人嫌いで有名だった宰相吉田茂の見た昭和陸軍論を展開して本書を結んでいる。

良識派軍人として保阪氏が選び出した人たちは、石原莞爾、武藤章、今村均、渡辺錠太郎、下村定、河辺虎四郎、宮崎繁三郎、辰巳栄一、石井秋穂、堀栄三の十人である。が、選択された高級軍人のほかにも数多くの良識派軍人があったのだから、その人たちのことも語り伝え、のみならず、下士官、一般兵士の良識派の実像も確かめていきたい、と氏は述べている。

その保阪氏が良識派の象徴として武藤章をとりあげていることは、じつに興味ぶかく思える。筆者などはこれまで日米戦争の立役者、というより［元凶］のように武藤をとらえていたからだ。

確かに保阪氏も、「日本が戦争政策に傾斜していくときの旗頭のように見える。正直なところそのような面がないわけではない」と述べながらも、「だが、昭和陸軍の政策が個人の領域を越えてある方向に流れるときの勢いは、誰もが止め役になどなれないとの歴史的教訓を教えているのだ。武藤はその流れの中で、きわめて理知的な選択をしようと試みたが失敗したのである。その失敗の責をとったのが、東京裁判での絞首刑という判決であった」と語を継いでいる。

そうして氏は、武藤が理知的タイプであったことを三つのエピソードで示している。ここではその武藤の肉声を掲げておこう。

「いくらやってもだめだというなら（日中戦争を）考え直さなくてはなるまいかのう……」

「（田中作戦部長に）お前はそんなに戦争が好きか。わしは嫌いなんだ」

「（参謀に）自戦自活という考えが必要だ。（ルソン島防備で）安易に玉砕してはならぬ」

それらの言葉に凝縮されている武藤の思考が「歴史の中に正当に意味づけられなかったこと」に彼の悲劇があったと、保阪氏は言っているのだが、適切な評価だと納得させられる。

保阪氏は「本書は太平洋戦争の軍人論をこれまでとは異なる視点で書いて見たいと思って著わした書である。その視点は［良質な人物で見る太平洋戦争」とでもいったものに該当するだろう」とあとがきに記しているが、太平洋戦争資料館をつくりたいという氏の夢の実現がかなえられることを願ってやまない。

## 二　吉田俊雄著『良い参謀　良くない参謀』
### ―8人の海軍サブリーダーを斬る！―

明治四十二年生まれというから、御年八十七歳ということになる吉田氏だが、巧みな表現力や鋭い洞察力、新しい斬り口等々まったく年齢を感じさせない。パソコンを縦横自在に使いこなし、時代の潮流を読みぬく明晰な頭脳から本書を書き下ろされたわけだが、みごとというほかかない労作である。

評判が良かった前作『良い指揮官　良くない指揮官』の姉妹篇として執筆された本書には、八人の海軍の幕僚たちが俎上にのせられている。宇垣纏、黒島亀人、草鹿龍之介、源田実、佐薙毅、大井篤、中島親孝、田中正臣の参謀たちである。

高い評価を与えられる参謀もいれば、低い点数しかあげられない参謀もいる。橋渡しが、つまり指揮官との調整が遺漏なく適切に行なえるということは、指揮官を補佐する役割を担った参謀にとって重要な資質となってくる。

喜怒哀楽を表わすことは生身の人間にとって当たり前のことだが、少なくも参謀という職責からすると、それらを抑え、理性的、客観的なスタンスが必要になってくる。代わりの参謀では務まらないといったぐらい、指揮官に信頼されることが必須なことなのだ。美言を弄して指揮官の信任をかちえても、それでは司令部の戦力を削ぐことにしかならないのである。

本書は「参謀とは何か」という序章を設けて、参謀長、参謀について定義をし、「与えられた任務の目的目標を、どう達成したか」「補佐の実をどう挙げたか」「指揮官との人間関係の善し悪し」「良くするために払われた工夫、努力」などについて、わかりやすく、しかも歯切れよく論断していて小気味よい。

「その人自体の人格、識見はまことに立派なのに、「任務の目的」を達成できない、達成できても時間がかかりすぎたり、手際がわるかったりして、役に立たない。そんな人がいたとすれば、今では「良くない働き手、ダメな人」と評価される。具体的な結果が得られなければ、目的を達成できなければ、何にもならない」と吉田氏は、本書を書こうと思いたった理由を述べている。

それはまた、日本海軍が負けた原因でもあるのだ。また氏は、なぜこの八人の参謀を選んだのかについても、次のように言っている。

「影響力のもっとも大きかった参謀といえば、宇垣、黒島、草鹿、源田参謀たちで、この人たちは動かせない。残りの四人は情報系、または情報の価値を認識した中央勤めの多い人たちである。前の四人の代表する伝統的思考法と対比することによって、戦争そのものまで失ってしまった不本意な姿を、はっきりと見届けることができるに相違ない」と。

前の四人の参謀については、吉田氏もこれまで何回となく採り上げてきたわけだが、「しかし時日が経過し、情報が積み重ねられ、研究が進むにつれ、私の姿勢も考え方も変わってきた」と語っているように、人物の内面への探索はよく掘り下げられ、彼らの真実が鮮やかに捉えられているように思われる。

私たちは本書から、環境に即応した適材を適所に選ぶことの困難さをいやというほど思い知らされることになる。だが逆にそうした失敗から学ぶことも多いのも確かなのである。

（月刊「丸」ＢＯＯＫプロムナード〈以下同〉一九九六年十二月号）

## 三　西河克己著『白いカラス』
### ―生き残った兵士の記録―

1

映画の黄金時代、松竹、日活で数多くの娯楽映画を撮りつづけてきた［青春映画の巨匠］が、初めてみずからの戦争体験を書き綴った貴重な一冊が刊行された。

日本映画監督協会の要職を歴任して今もなお映画製作に情熱を燃やし、また映画人をめざす若者たちの養成に当たるべく、大学で教鞭もとっている。まさに骨の髄までの映画人なのである。

松竹映画「伊豆の踊子」でデビューした西河氏は、日活に移るや、日活青春映画の錚々たるスターたちを起用して幾多のヒットを飛ばし、名作を生み出すのだ。吉永小百合、浜田光夫、芦川いずみ、宍戸錠、小林旭、浅丘ルリ子、長門裕之、石原裕次郎等々、銀幕を飾った役者たちが綺羅星のごとくに登場する様は、壮観としかいいようがない。

「青い山脈」「若い人」「陽のあたる坂道」などを観るため映画館に足を運んだ人は多いだろうが、「伊豆の踊子」などは一回目は吉永小百合で、二度目は山口百恵で作品を創っている。「一貫して商業的娯楽映画を作ることに専念してきた」氏の作品から、浮き世の辛さを忘れ、生きる喜びを大いに与えられたことであろう。映画は娯楽の神様だったのだ。

それはともかく、二十二歳から二十八歳までの六年にわたって西河氏は、一兵卒として戦野にあったのである。それも、戦死者六万余というインパールの最前線にその身を置いていたのだ。

「白骨街道」の異名を奉られたインパールの激戦で、西河兵長は、所属部隊が全滅するという境遇に陥りながら、奇跡的に二人の仲間とともに生き長らえ帰還することができたのである。

「これは、戦記ではありません。過去の戦争の記録ではありません。したがって、これは、戦争の史料とは言えないであろうと思います。私が、ここに書きたいと思っていることは、私の青春の想い出です」と西河氏は言っているが、戦塵のなかに青春を埋めなければならなかった自身の回想は、「私の青春譜」であり、「そのまま戦争の体験記になってしまう」のである。

「青春を」と西河氏は言う。

「こんなふうに過ごしてしまった人間もいるのだということを知ってもらいたくて、この文章を書くのです」と語りながら、こうつづける。

「ぜひ、戦争を知らない人に読んでいただきたいと思います。現在、私が抱いている戦争についての心情や感想などは、ここには書きません。あのとき、そのときの想い出だけをそのまま書きます」と。

## 2

三部で構成される本書は、その第一部では、徴兵検査を受けて入隊し、鍛えられてシゴかれながら一人前の兵隊になっていく姿が描かれ、二部は大東亜戦争に突入してからの中国大陸での戦闘が語られる。そうして第三部で［地獄の戦場］での苛烈なる日々が綴られていくのだ。

一九四〇年、中国河北省南宮県での払暁攻撃が西河兵長の初陣だったのだが、その模様もじつに臨場感あふれる筆致で、しかも誇張することもなく、読みやすい親しみの持てる文章で、ありのままに描かれていて、読む者を飽きさせることはない。

ところで、この初めての戦いで西河二等兵は、二発の弾丸を受けていたことがわかったのだが、運よく急所をはずれていて命拾いをしている。西河二等兵と同じ行動をとった戦友二人は、一人は即死、一人は重傷を負っているのだから、「あとになって考えると、私のツキはこの初陣のときから始まっていたのかも知れない」と、氏が述懐するのも無理のないところであろう。

さて、西河氏がじつに率直に自己を表白している箇所は多いが、その中から幾つかを拾いあげてみよう。

「自分の知識、記憶などから作られた常識などはアテにならないものだ」

「この地球上に、私に撃たれて死んだ一人の男がいたことだけは確かな事実なのだ」

「生きているということが、こんなにありがたい、充実したものだということを初めて知った」

「捕虜が哀れに思えたり、憎らしく思われたりする心の変化に驚いた」

「いざというときの生命力では、女性の方がはるかに強いのではないか」

「自分だけ生き残りたいという思いはきわめて自然だ」

等々数限りないが、戦闘間の奇妙な光景に出合った西河上等兵は、こう記す。

「城門にあった中国兵の死体はなくなっていたが、兵隊が背負っていた布袋からこぼれた粟の実から、いっせいに芽が出て、細い緑の糸がすがすがしいほど鮮やかな色をわき立たせているのであった。

それは、小さな、しかし動かし難い歴史なのであった。我々は、こうやって歴史を重ねていくのであるという感慨が、胸をつく記憶として私の身体の中に残った」

悠々たる大自然の中では、人間は卑小な存在にしかすぎないのだが、しかし連綿として生ある者は連環していくのだ。詩情あふれるみごとな生の賛歌である。

## 四　片岡紀明著『日本人の志』
### ―最後の幕臣たちの生と死―

勝海舟が、明治新政府によって調べを命じられた幕臣の数は三万三千四百余名であったというが、彼ら最後の徳川家臣団は、幕府の崩壊によってひとりひとりが異なった人生を生きることを余儀なくされたのである。

その中から九人の人物――福沢諭吉、榎本武揚、土方歳三、勝海舟、川路聖謨、高橋泥舟、鳥居耀蔵、松廼家露八、中條金之助――をとりあげ、武士の心、すなわち士の心を失うことなく、幕臣であることを誇りに思い、ひたすらに己れの道を生きた男たちの苦難の道のりを剔抉しようとしたのである。

ここで、九人の男たちが血を吐く思いで吐露した言葉を掲げておこう。

「あなたがたに幕臣としての心はあるのか」と、勝と榎本を詰問した福沢。「行蔵は我に存す、毀誉は他人の主張・勝」［日本魂に磨きをかけて発揮せよ・榎本」［武士の心を貫き通せ・土方」［遺言を申せば忠の一字なり・川路」［富貴栄華にまつわるは愚の限り・高橋」［奸を去り夷を攘う・鳥居」［五月雨に飛び出して行く蛙かな・松廼家」［牧之原の茶のこやしになる・中條」

幕臣のままで壮烈な戦死を遂げた土方のような者もいれば、新政府の高官に昇りつめた榎本のような者もいる。また松廼家露八のように吉原の幇間になった人もいれば、中條のように牧之原台地に入植して茶業を成功させた人もいる。成功した者も失意の底に沈んだ者もいるのだ。だがしかし、誰もがサムライの心、日本人の心をなくすことはなかったのである。

作家の小島直記氏が「志、かつて日本にあったもの」といわれているというが、志をなくしたかに見える現代の日本人は、彼らの心を読みとる必要があるのではないか。

話題作を次々と発表している童門冬二氏は、「人間の真価は窮境の中で発揮される。発揮できるかできないかは、その人間の志の高さ、強さによる」と本書の序で述べ、また次のようにも語っている。

「混迷する現世相の厚い雲を純粋な志をもつひとびとが、思いきりひき裂くにちがいない。その雲の裂け目にみえるのは、新しい日本人の志であり、たどる道筋である」と。傾聴に値する鋭い指摘であろう。ところで、勝海舟、山岡鉄舟と並んで、幕末の三舟といわれた高橋泥舟は、徳川慶喜への誠忠の代償として褒美を与えられたものなのであろうか。文献などからは、ここまで尽くされながらも、最後の将軍が、このような臣下がいたことをどう思っていたかは見えてこないのだという。

本編の作者・片岡紀明氏は歴史物をよく著わすが、「この五十年間、日本は大切な金をためたかもしれないし、ある部分では非常に進歩をとげたのだが、何か目標のような、志のような、もっと大切なものを失ったような気がする」と、冒頭で述べている。そうして次のように言う。「日本人の志という原石は、百余年たったいま、しだいに見えてきているのである」と。

本文の中に挿入された人物写真また関連写真が興趣をなお添える役割を果たしているが、文献などの処理がじつに的確に明快に適宜になされていて一気に読まされる。巻末の年譜も、時代と人物が一目で総覧できてありがたい。ユニークな斬り口のこの書の続編を、ぜひとも読んでみたいと思う。（一九九七年三月号）

## 五　伊藤桂一著『伊藤桂一時代小説自選集』(全三巻)
### ―①螢火の天女　②藤棚の下　③茶の花匂う―

### 1

戦記小説の重鎮・伊藤桂一氏の初めての自選時代小説短篇集が刊行され、このたび全三巻で完結をみたが、氏は作品を選びだした基準についてこう語っている。

「私なりの気ままな選び方をさせてもらったが、自身の足跡の上で、記念になる作品、また、自分の好みに、とくに合った作品を選んでいる。もっとも、そうはいっても、自分で描いた作品は、一篇残らず、気に入っているのである」

そうして、氏の作品に寄せる思いが伝わってくる一文をこう綴っている。

「時代小説というのは」と書き出しはじめ、「私には、手織物のような気がする」と記して、こう続ける。

「たんねんに織ってゆく作業によって仕上げるのである。つけペンにインクをつけて、一字ずつ書き、まちがえるとインク消しで消す。原稿は、従って、ほとんど訂正のあとはない。従って、一篇ずつに愛情がこめられている。自選集といっても、どの作品も、すべて手織物なのである」

伊藤桂一氏は「螢の河」で直木賞を受賞したのだが、これまで数多くの戦記小説の名作を生み出しつづけてきた。「悲しき戦記」「かかる軍人ありき」「静かなノモンハン」等々、枚挙にいとまがないが、それらの作品のすべてに流れているものは、底辺にいる名もなき兵隊たちに寄せる慈しみの目であった。

氏みずからも一兵卒として中国の戦場で七年もの間、戦いに明け暮れた原体験を持っているのだが、生死の間に身を置く兵隊たちは、それぞれの人間性を露わにしてくる。つまり一切の人間的虚飾をとりはらった裸の付き合いをすることになるのだ。まさに人生の、人間の縮図が極限状況であるからこそ、はっきりと立ち現われてくるのである。

作品に登場してくる兵隊たちは、しかしどんな逆境にあろうとも、つねにその先に一筋の光を見い出し、誠実に生きていこうとする庶民の逞しさ、明るさを失っていない。したがって氏の戦記小説に接する人たちは、そこから人間の優しさ、良さといったようなものを感じとり、爽やかな読後感とともに、生きる喜びを与えられるのである。

氏の文学の源流にある戦争というものについて、もう少し紙数をつらねたい。

「戦記作品というものは、作者個人の所産ではなく、その作者を通じてうったえようとする、多くの人々の願望によって生まれるものだと思う。従って、作者の義務も責任も重くなる」と、「悲しき戦記」の「あとがき」に記されているが、「死者への冥福を祈るために」営々と書きついでこられたのである。そうして現在、その文庫本のあとがきに、こう結ばれている。

「戦中世代は、やがてほろんでいってしまうし、せめてはこうした戦記書類が、現代史への実感ある証言の書として遺されるだけであろう。私は一戦記作者として、摂生を心掛け、少しでも多く、戦中の人々の記録を叙しておきたいと願っている」

## 2

生と死の間に身を置いた伊藤氏は、戦後は病苦と生活に喘ぎながら文学の道をひたすらに歩みつづけ、遂には人生の苦渋を小説の糧に変えて独自のリリシズムあふれる世界を構築するにいたったのだ。

社会の底辺で人生の辛酸をなめ尽くし、下積みの境遇に身を置かなければならなかったみずからの半生を重ね合わせて、片隅で貧しくとも真面目に明るくひたむきに生きようとする、無名の善意の人たちの人間模様を、叙情豊かにうたいあげた時代小説の珠玉作をもまた、戦記小説の一方で紡ぎあげたのである。

時代小説というものについて、氏はこう言っている。

「私の場合の時代小説はいつも、名もない庶民や、ごく軽輩の武士が主人公となる。なにかできごとがあっても、それにつらなる末端の人物を拾いあげる。平凡俗事の中にゆれうごく、ささやかな風波、それを描いていることになる。地味な作品になりがちだが、それでよいと思っている」

戦記小説であれ時代小説であれ、ここには一貫した氏の基本的考え方が示されているのだが、氏はこうも語る。

「戦場小説は、ともかく死生の間のきびしい現実と対決することが多いが、時代小説は一種のメルヘン的な世界に遊べるのである。といって一字一句も、おろそかにはしない執筆態度は貫いてきている」

ともあれ、この時代小説の名手の自選集に大きな華を添えているのが、装画の蓬田やすひろ氏の繊細にして淡彩美麗な絵筆のみごとさで、息吹と体温が伝わってくる力作だ。感嘆のほかはない。また装幀を担当された森下年昭氏の年季の入った仕事ぶりが心地よい。いずれにしろ、作家と画家が一体となった本というものの素晴らしさを、改めて感じさせられた。

この辺りで伊藤氏の「創作ノート」を紹介しておこう。

「時代小説は、作者の想像力による所産だから、ちょっとしたヒントから、連想効果が生じて、一篇の作品世界ができ上がってしまう」

「私の時代小説には、立派な人間は出てこない。生活の不安におびやかされてきた私はその思いを浪人の身の上に置くのである。浪人でなくても下級の武士を愛する。女性にしてもつきあいやすい女性ばかりである」

良質の時代小説の源泉を見る思いがする。

## 六　杉野計雄著『撃墜王の素顔』
### ―海軍戦闘機隊エースの回想―

飛行時間一九九四時間、戦闘飛行四九五回、うち空戦一〇〇余回に及ぶというエース中のエースが、戦後五〇余年の時を経て書き綴った貴重な記録が本書なのである。

酣燈社の『日本海軍戦闘機隊』の「エース列伝」を見ると、第一位に西沢広義飛曹長・八七機に始まり、岩本徹三、杉田庄一、坂井三郎、奥村武雄、太田敏夫につづく七番目にとりあげられていて、その撃墜機数三二機とある。

工業高校を終えると海軍を志願し機関兵となった杉野氏は、機関兵に失望していたとき、操縦士募集のポスターを見て操練（操縦練習生）の試験を受け、三百名以上の受験者の中から選ばれてパイロットの道を進むことになったのである。

第三期丙飛予科練習生というのが杉野氏らの呼称なのだが、ちなみに従来の飛行予科練習生すなわち少年飛行兵は乙飛と中学卒業で募集した甲飛に名称がこのとき（昭和十六年）変わったのだという。

「昭和十七年三月、艦上戦闘機操縦員となって戦列に加わった同期の八十名は、伎倆未熟のため、その多くが戦死した。だが、熾烈なラバウル戦線で生き残った杉田庄一上飛曹らは、素晴らしい成長を遂げた」と記す杉野氏は、次にこう続ける。

「しかし、私は空母搭乗員になった関係で会戦の機会が少なく、一〇〇〇時間を過ぎて伎倆が向上してから決戦のラバウルに出撃するという幸運に恵まれた」と。

みずからの功を誇ることのない［古武士］然とした杉野氏の人となりが本書からよく伝わってくるのだが、そればかりではなく、エースたちが日々の生活の中で、何を考え、どう行動したかも描かれていて、空戦場裡で全力を傾けて生き抜いた若者たちの姿が彷彿としてくる。

初撃墜の日のことを、杉野氏は昨日のことのように覚えている、という。「ろ号」作戦発動でラバウル進出を発令された「翔鶴」戦闘機隊の一員として出撃した杉野氏は、「憧れの空中戦に勇み立ち、胸の鼓動は高まるばかり」の状況下で、B25一機、B26一機、P36一機を撃墜するという大殊勲をあげたのだ。

「空戦は」と杉野氏は言う。「何度やっても、平気ということは皆無だった」。そしてこうも言う。「戦場では運不運が明暗を分ける。一発の命中弾で死ぬこともあるが、数十発被弾しながら生還した者も多い」。そしてそんなときは「閻魔に嫌われたよ」とよく笑いあったという。

敵機を一刻も早く発見し、いかに優位な態勢をつくるかが空戦のポイントだということだが、粟粒のような機影でも彼我の判別ができるようになるには老練にならなければ無理であり、若い頃は無我夢中で飛び回るだけで、すべては経験を重ねることによって得られるものだという。

ところで海軍戦闘機隊で、出撃しては飛行機に振動（故障）が出たと、途中から引き返すことを繰り返したため、「〇〇振動」とあだ名された人たちについて、杉野氏はこう言っている。

「自分の手足、身体の震えが操縦装置に伝わって起きた振動なのだが、恐ろしくて震えたのではなく武者震いなのだ。私もこの振動を体験したが、真に熾烈な戦闘の経験のない人にはわかるまいと思う」と。淡々とした語り口で戦いの実情に迫った異色の零戦空戦記である。（一九九七年六月号）

## 七　碇義朗著『迎撃戦闘機「雷電」』——B29搭乗員を震撼させた海軍局地戦闘機始末——

### 1

本誌に連載中から好評を得ていたという碇義朗氏の最新作が刊行をみた。「遙かな雷鳴」というのが連載時の標題であったが、単行本化にあたって改題された。文学的香りのする標題から直截的なものに変わったわけだが、一連の碇氏の飛行機ものがよく売れていることにかんがみてつけられたものであろう。内容に即しているといえる。

ちなみに掲げると「最後の二式大艇」「戦闘機隼」「戦闘機飛燕」などであり、「最後の戦闘機紫電改」は、とくによく読まれているという。

氏の作品がよく読まれるには理由がある。そのすべての作品が設計者、用兵者等々、綿密な取材のうえに執筆されているからだが、それにくわえて「紫電改の六機」を見てもよく判るように、登場人物の内面描写もみごとになされていることもベストセラーの一因となっているのであろう。決して手抜きをしない氏の作品への読者の信頼は、相当に大きなものがあろう。

余談ながら、碇氏は航空、自動車、鉄道などメカニズムと人間のかかわり合いをテーマにしてこれまですぐれたドキュメンタリーを造りあげてきたわけだが、たとえば「飛龍天に在り」を執筆するに際しては寺社に赴き、戦死者の霊を弔ってもらってから取材をはじめるといった具合だ。氏のそうした心組みに筆者は感嘆の念を禁じえない。

それはともかく、碇氏が雷電を書こうと思い立った時、堀越二郎氏はすでに亡く、時機を失したという思いに捉われざるをえなかった。「そんなとき、頭に浮かんだのが曽根嘉年氏のこと」であった。

「戦時中、つねに堀越さんの傍らにあってその意図や設計思想を正しく理解し、骨身を惜しまず主将を助け、のちにはみずから主将となって三菱戦闘機設計陣をひきいた曽根さんは御健在で、しかも詳細な戦時中の作業日誌を保存して下さっていたことで大いに力を得」て、碇氏は雑誌連載に踏み切ることを決めたのであるという。そして、雷電の誕生から終焉までを描いた本書ができあがったのである。

また連載中に描かれていた依光隆氏のさし絵が本書の各章に添えられていて、じつに楽しくかつ有効である。著者の碇氏と依光氏は、これまでにも共に仕事をされていて、息のあったコンビといえるであろう。

本書はさし絵のほかに、巻頭に八ページの写真セクションを設けているほか、本文中には関係図面が多数収録されていて、読む者に大きな助けを与えている。

## 2

「雷電は日本海軍が初めて採用した敵爆撃機迎撃専用の戦闘機で、局地戦闘機あるいは乙戦と呼ばれた機種で、イギリス流にいえばインターセプターのことである」の書き出しで始まる本書は、「海上戦闘主体の日本海軍が、なぜ陸上の局地防空専門の戦闘機を必要としたか」について詳しく記述していく。

「思うに雷電は不運な飛行機だった」と著者はいい、さらにこう続ける。

「早くから期待され、一時は日本海軍の主力戦闘機として、零戦に代わって大量生産が計画されながら、振動問題で開発が長引き、さらにものになりそうになったとき、今後は以前にすんだはずだった視界問題をむし返された」

その結果として、長かった戦争が終わりを告げたとき、生産計画の二転三転もあり、「その生産機数五百五十八機で、一万機以上も生産された零戦の十八分の一という少数にとどまった」のだ。

しかしながら、雷電がB29の迎撃戦闘でもっとも戦果をあげたのは紛れもない事実であり、そのことは米軍、そして米軍のパイロットの言を聞いても明らかなのである。したがって、大型機を撃ち墜とすことを意図して製作された雷電が「成功した機体」であったことはいうまでもないことなのだ。

「ジャック（雷電の米軍コードネーム）はおそるべき攻撃兵器だった」「大型爆撃機に対してすべての日本軍戦闘機の中で最強だ」と。米軍は最大級の評価を行なっているのである。ともあれ、雷電ぐらい、設計担当者が代わった飛行機もめずらしいというが、設計の主担当がめまぐるしく代わっては、碇氏のみならず「飛行機がかわいそうで、いささか粗略に扱われた感じは否定できない」であろう。

しかし、そうはいっても、日本機離れのした「太い胴体にサイレンをまじえたような独特の爆音」（著者）のずんぐりした外見だが、「基本設計がすぐれていたことは専門家のひとしく認めるところ」である本機が、前述した米側の高い讃辞とあいまって、雷電関係者にとっては、大いなる力を与えられたことであろう。

本書は雷電開発に携わった技術陣の苦悩から、B29迎撃に飛び上がった搭乗員たちの戦いの実状までを綿密・克明に書き綴った労作である。碇氏にとっても思い出に残る一冊となろう。

## 八　ジョン・トーランド著　千早正隆訳『勝利なき戦い　朝鮮戦争』

上下巻あわせて七百五十ページ、しかも二段組の大作にして労作が刊行された。ピュリッツァ賞受賞作家ジョン・トーランド氏の手になる畢生のノンフィクションがそれである。著者のトーランド氏は、第二次大戦に材をとった数多くのすぐれた現代史ノンフィクションを発表している重鎮であるが、氏の令名を高らしめたのは、ピュリッツァ賞を受賞した「大日本帝国の興亡」である。これまで日本で翻訳紹介されている作品も多い。

本書は一九九一年に「インモータルコンバット」というタイトルで発刊された。光人社からすでに発売されている「戦いの神々」「占領」につづく三部作の最終巻を成すはずのものであった。前二作はノンフィクション・ノベルの形態をとっており、今回の作品も当初は前著のスタイルをとるはずであったところ、中国筋から入手した情報・資料が豊富かつ未発表のものが多いところから完全なノンフィクションの形をとって書かれることになったのだ。

訳者の千早正隆氏、訳者を手助けした都島惟男氏らの御苦労によって、この大作はいっそうの光彩を放つことになったが、読者にとって幸運な出来ごとであったろう。

「今ごろになって朝鮮戦争の歴史に取り組むのはなぜか」とトーランド氏は、本書執筆の意図を次のように書き記している。

「本書は、論争の的になる数多くの事項に光を当てようとする、一つの試みである」と述べ、幾つかの問題点をあげたあと、「そして最後に、この戦争は戦う値打ちがあったのか？」と記す。そうして、「朝鮮戦争は、両陣営ともに勇士に満ちた、人間の悲劇と勇気ある記憶すべき英雄譚であり、また世界の帰趨を物語る忘れ難い叙事詩であった」と結ぶ。

一九五〇年六月二十五日の開戦に始まり、一九五三年七月二十七日に終結をみた朝鮮戦争は、国連側将兵のじつに二百万が戦死を遂げ、二百万以上の朝鮮の非戦闘員が非業の最期を迎えることになったのである。三十八度線で始まった戦闘は、三年以上を経過したのち、始めた地点とほぼ同じ場所で終焉をみたのである。

千早氏は、著者のじつに多様な取材・執筆ぶりを次のように述べている。

「事件当事者への面接取材が極めて多い。このような口述史料と文献資料を駆使して様々な局面を記述してみせる。複眼的な叙述手法が構成を立体的にし、本書に深みと奥行きを与えている」と。

十一部、四十二章から成る本書には、写真が二十四頁にわたって添えられているが、貴重な証拠物件だ。大冊とはいえ、一気に読まされる面白さである。しかし、本書が提示しているものはかなり重い。

「歴史は」とトーランド氏は言う。「くり返さない。くり返すのは人間の性である。卑しい人が真実を語り、高貴な人が嘘をつくことを知った」

そうして氏はこう閉じる。

「歴史の針路は予測不能であることを知った。そして戦争の歴史には決定版などあり得ないことを知った」と。しかし、本書が朝鮮戦争に関する決定版であることは論をまたないのである。(一九九七年九月号)

## 九 生出寿著『戦場の将器 木村昌福』

### ―連合艦隊・名指揮官の生涯―

1

司馬遼太郎氏が著者の生出氏にあてた私信を、まず冒頭に掲げておきたい。

「一民族のながい歴史のなかで、芸術家、学者は多く出しますが、将器ほどすくないものはありません。日露戦争のとき、大山・児玉のコンビを得ていたのは、幸いだったと思います」

将器というのは、広辞苑によれば「一軍の将たるべきりっぱな器量・人物」であるという。司馬氏が指摘されているように日露戦争のときには存在していた将器が、大東亜戦争のときには皆無であったということが、日本の敗戦の因をなしているのであろう。

生出氏は「日本の敗北は理の当然であった」と慨嘆しているが、しかしながら「陸海軍ともに、前線部隊の中堅指揮官には、戦場の将器といえる人材は少数ながら存在していたことも事実であった」と記し、木村昌福司令官を「戦場の将器」と評価している。「木村昌福海軍少将は」と生出氏は書く。「天命を感知して戦いをすすめ、いくたびも死地にあって作戦目的を達成したばかりか、どの戦場においても、率先身を挺して、死に直面した将兵の救助に当たり、一兵もおろそかにすることなく、ひとり残らず味方艦に収容していた」のだ。

このような人物であるのに生出氏によれば、才人たちは「デクノボウ」とか「臆病風に吹かれた」などの陰口をたたいていたそうである。しかし逆にそのことは木村が「それだけ大きかったというのが事実である」のだろう。

著者の生出氏は出版人として長い経歴を持っているのだが、現在では戦記作家の第一人者として数多くの戦記作品を生み出している。氏の人物論には是は是、非は非とした一貫したものが流れている。歯に衣きせない氏自身の本音がじつに爽やかなものを読む者に伝えてくれる。「凡将山本五十六」などは、それまで偉人化していた山本の作戦の拙劣さを納得いくように解明してくれている。また光人社から発行された「名将秋山好古」「知将児玉源太郎」がベストセラーとなったのはまだ記憶に新しいところだ。

本書は生出氏が構想を練り、執筆し終わるまでかなりの年数を要している。書きあがった時点で二百枚近く削ぎ落とすという難行のすえに上梓されたものなのであるという。

## 2

木村昌福は、第四十一期生として、明治四十三年三月海軍兵学校に入校し、海軍軍人をめざすことになる。応募者数三千数百人の中から選ばれた百二十人の一人である。同期には草鹿龍之介、保科善四郎、田中頼三、市丸利之助、大田実らの太平洋戦争を賑わす提督がいる。

卒業生は百十八名で、木村は百七番だった。海軍ではこの際の席次がハンモックナンバーと称されて、つねについてまわるのである。つまりこれによって進級や役職がきめられるのだ。この学術点の高いものを尊重する日本海軍のシステムがかなりの弊害を生んだことは事実なのである。

それはさておき、木村がその天賦の才能をみごとに示したのが五千百八十三人のキスカ島守備隊将兵救出に際してであった。

「成否にかかわらず突入を断行すべし」という軍令部、連合艦隊の要請にも微動だにすることなく、アメリカ軍の状況と晴天のために第一回の突入をキスカ島を目前にして断念する決断をくだし、引き返すという真の勇気を発揮したのである。

その結果、「臆病風が吹いたな」とか「若干のリスクを冒さずにこの作戦が成功するのか」といった悪評が木村の耳にも伝わってくるのだ。だがしかし、木村は「帰ればもう一度来ることができる」と再突入の時機を待ち、のちに奇跡といわれる救出劇を演じることになるのである。それも一兵も損じることがなかったのだ。

一方、米軍のキスカ上陸作戦は救出後に行なわれるという失敗を冒している。「米軍は徹底的に日本軍を捜索したが、ついに一人の日本兵も発見できなかった。発見できたのは、日本軍が残して去った雑種犬三、四匹だけであった」というていたらくだった。

しかし米軍はこの事実を隠すことなく公表した。「われわれは十万枚の伝単（ちらし）をキスカ島に投下した。しかし犬では字が読めない」と。

ここでもう一つ、木村の真骨頂を垣間見る思いがするサンホセ突入作戦の際の出来ごとを記しておこう。

「霞」艦上の挺身部隊指揮官木村は、いつ敵機がくるかといった状況下で艦を停止し、沈没艦「清霜」乗員の救助を続け、二百五十八人の命を救ったのである。

とまれ本書は先の木村のハイライト部分だけではなく、彼の誕生から終焉までを世界情勢も概観しながら描いたものであり、随所に「生出節」が冴えわたっていて読みごたえのある力作だ。

## 一〇　佐藤早苗著『特攻の町・知覧』
### ―最前線基地を彩った日本人の生と死―

「なでしこ隊」という名をご存知であろうか。じつは筆者は寡聞にしてその存在の実態については、詳細なことは把握していなかった。

この「なでしこ隊」というのは「知覧特攻隊員たちの身の回りの世話をした知覧高女の女学生たちによる勤労奉仕隊のことで、隔離された特攻隊員たちに深く接した唯一の民間人である」と、著者の佐藤氏は本書の中で記しているのだが、佐藤氏が本書を執筆する意図もここにあったのである。

つまり、特攻についてはこれまでかなりの書物が出ており、「いまさら特攻でもないだろう」状況の中で、「二年がかりで取り組むのは勇気と根気のいる作業であった」著者を駆り立てたものは「まだあまり知られていない」彼女たちのことを知ってもらいたいからだったのだ。

佐藤氏は言う。

「学徒が多くを占めた特攻隊員たちの、最初で最後の特攻出撃を毎日のように送りだしてきた女学生たち……彼女たちは何を見たのか、何を感じたのか」

多感な少女期に戦争を肌で感じてきた著者の「お姉さん」たちに寄せる気持が痛いほど

伝わってくる。

女子美術大学洋画科に学び自由美術協会に属し、画家として活躍した著者であったが、一九七〇年にノンフィクション作家に転向し、以来NHKのインタビュアーをはじめ、テレビ、ラジオ、講演等々、多彩な活動をくりひろげた。もちろんその間に数多くの話題作を発表しつづけてきたわけだが、「東條英機および勝子夫人」についての著作には、長いあいだ東條家に通いつづけた佐藤氏ならではのものが作品に立ち現われている。

ともあれ、佐藤氏の取材は「なでしこ隊」の話から始まっていったのであるが、「それが糸口になってどんどん未踏の世界に引き込まれていった」ことから今までにない特攻の姿がほの見えてきたのだ。

「すでに語りつくされたと思っていた『特攻』は」と佐藤氏は綴り、こうつづけている。「さらに裏があり、奥があり、そしてまたそれらは現代に引きずられているのだ。私はできるかぎり知られざる部分を掘り起こし、それに加えて現代とのかかわりに重点を置いて取り組んだ」

みずからの肉体を飛行機もろともに敵艦船めがけて突入させる特別攻撃、特攻——。この必死の体当たり攻撃にあたったのが十六歳から二十歳前後の若者たちなのだが、彼らの身の回りの世話——給仕、洗濯、掃除などを引き受けたのが「なでしこ隊」と呼ばれた女学生たちなのである。

彼女たちは、特攻隊員とはちょうど兄と妹のような関係にあるため、すぐにうちとけ、談笑の時を持つことできたのである。特攻命令が下るまでの日時を、心やさしい［大和撫子］たちと過ごすことができたことは、特攻隊員にとってのつかのまの青春の日日であったとしても、どれだけ彼らに安らぎと勇気をあたえたことだろう。

本書はそのことのみならず不時着特攻兵や特攻隊員の妻たちの苦悩、機体の不調で引き返した特攻隊員への制裁やら米軍進駐後の知覧の状況など多角的、重層的に特攻というものをとらえている。

斬新な切り口で、重い十字架を背負った人びとの生と死をみごとに描き出した感動の作品である。（一九九八年二月号）

## 一一　岡田和裕著『囚人部隊』
### ―インパール日本陸軍囚徒兵たちの生と死―

### 1

通称［ホケ］という部隊が太平洋戦争当時、存在していたことを知るひとは少ないであろう。ホケとは法務部の〈ホ〉と刑務所の〈ケ〉からとったものであるが、ビルマのインセン刑務所の門柱には「陸軍法務部七十九部隊」の札がかかっていたという。刑務所の警護にあたる部隊の名称なのだ。

本書は塀の中に囲われた兵隊たち——［ホケ部隊］を主軸に据えて展開される破天荒なインパール戦記なのである。［白骨街道］［靖国街道］などと称された地獄の戦場・インパールを材にした体験手記や戦記文学は、これまでにも数多く刊行されている。だがしかし、囚人兵を主役にした作品はほとんどない。本書と同じくインセンのホケ部隊を描いたものには、棟田博氏の「地と影」という作品があるくらいだろう。

それはともかく、本書の主人公は実在の人物であり、他に登場する囚人兵も、デフォルメされたりしているにしても存在した人たちなのであるが、いわゆるノンフィクションという範疇に入る作品ではなく、ノンフィクション・ノベルといった方がよい。

しかしながら、本書の歴史的背景は史実に則っていて、この戦線での日本軍の戦いぶりが如実に伝わってくる。完全なフィクションの部分もないわけではないが、戦後五十年余、戦争を知らない世代が圧倒的な日本人に、戦争の真の姿を伝えるには格好な表現形態であろうか。

誤解を恐れずにいえば、本書は［インパール西部劇］といった趣なのである。亡き勝新太郎が主役を演じた大宮二等兵も、軍隊組織からはみ出た無頼漢であり、この男が普通の兵隊のとうてい成しえぬ行動をとることで、観客たちは喝采を叫んだのだ。「兵隊やくざ」という映画がそれである。（原作は光人社NF文庫「貴三郎一代」）

軍隊というのは、戦う集団であるから、規律を守らない者に罰を与えるのは当然のことながら、強兵を作りあげるためには、過酷ともいえる訓練を行なったから、弱兵にとっては、これ以上の地獄はなかったであろう。

余談ながら、内地における内務班の初年兵苛めの実態等は野間宏の「真空地帯」に叙述されているが、しかし戦地にあっての初年兵苛めについて、伊藤桂一氏はこう言っている。

「鍛えあげなければ、戦闘間初年兵は必ず死んでしまう。苛めではないのである」と。

## 2

インセン刑務所に収監されていた囚人兵は百八十余名いたというが、上官侮辱、上官暴行、敵前逃亡、窃盗、脱走、抗命等々の罪をかぶって監獄に放りこまれた彼らにも、銃を執って最前線に再び送りこまれる時がきたのだ。

日本軍の劣勢が覆い隠せぬ状況下にあって、囚人兵たちは狩りだされたわけだが、彼らのうち何人かは無事に日本の土を踏むことができたという。

インパール戦線に投入された日本兵は八万余人におよぶが、そのうち三万余人が戦死を遂げ、四万余人が負傷するという悲劇の戦場だったのである。

本書に推薦の辞を寄せている直木賞作家の阿刀田高氏の一文を掲げておこう。

「戦後五十余年を経たにもかかわらず、日本陸軍の恥部は明らかにされていない。闇から闇へと葬られ、このままでは永遠に消えてしまうだろう。岡田和裕さんは、この暗黒を切り裂く。インパール作戦は三百万人の生命を包み隠す暗闇だ。せめてもの鎮魂歌として、この作品の誕生を心から喜びたい」

さて、本書は三部構成から成っており、一部、二部は事実に沿ってストーリーが拡がっていくのだが、三部は、著者の岡田氏の戦争に対する考え方を怒りとともに主人公に託してぶつけている創作だ。

岡田氏は「あとがき」の中でこう言っている。

「日本は今次大戦で約百四十五万人の戦死者を出した。彼らの多くは死ななくてもいい戦争で死んでいったのだ。そのことにたいして、もっと怒らなければならない。そのためには悲惨な過去から目を背けてはならない。その怒りを胸に現実を直視しなければならない」

至言であろう。どんな形であれ、戦争を伝えていかなければならないのである。リデル・ハートが言っているように「平和の尊さを知るために戦争を知ること」が必要なのである。

先の棟田博氏が「戦争西部劇をいつか書いてみたい」と言われていたが、読み通せる面白さの中に、勇気とか知恵とかを見つけられる戦記小説を書きたかったのであろうし、本書の岡田氏の試みも同質のものであろう。

「満州安寧飯店」という秀作を表わしている岡田氏が、新しい形で世に問う記念碑的作品であろうと思う。本書が新世代に迎えられ、シリーズとして定着していくことを祈りたい。

## 一二　土井全二郎著『歴史から消された兵士の記録』

太平洋戦争の風化が言われて久しいが、近年ますますその度合いを強めているようである。未曽有の「一億総特攻」といわれた自らの血であがなった体験を有しながら、戦後五十年、日本人は大本のところで何も変わらなかったのである。というより、もっと悪くなっているのだ。今日の現状を見るとき、肌に粟を生ずる思いがする。

今次の戦争で三百万の人命が失われたわけだが、その尊い犠牲によって戦後の日本は驚異的復興を遂げ、経済大国となりえたのであった。だがしかし、戦前にあった美風までもないがしろにした結果が今日の退嬰を招いているといえるのではないか。

饒舌はさておき、本書は過酷な最前線で戦いの場に身を置いてみずからを燃焼させた名もなき兵士たちの青春の日日を、ヴィヴィッドに語り伝える鎮魂の碑である。歴史のはざまに捨て去られ顧みられることのなかった底辺の兵隊の魂の叫びを、紙上によみがえらせた異色作である。

著者の土井氏は朝日新聞社に籍を置いたジャーナリストであり、戦争に材をとった著書も数多く発表している。

本書を執筆した意図を、土井氏は、次のように語っている。少し長くなるが、紹介しておこう。

「本書に登場する主人公は」と、氏は記して、こう続ける。

「特例を除き、最前線で戦った将兵たちです。あの戦争はなんだったのか——。多くの戦史が発刊されています。個々の部隊の足跡にしても、師団史か連隊史といったものである程度はフォローすることができます」

しかし内実は「将兵の一人ひとりが体験した個々の生の事象や思考をつかむには困難である」わけであり、そうしたことから「刊行書からもれている、あるいはすでに埋没しかけている将兵の視点から見た戦争記録の発掘に主眼を置いた」わけなのである。

そしてまた、こうも言う。

「最前線で戦った将兵こそ、あの苛烈な戦争を身をもって味わった人たちであり、戦争のもつ不条理性を命と引き換えに体験した人たちです」

だから彼らの足跡が「限られた範囲の見聞、体験であったとしても、多くの証言の積み重ねにより、これまで知られなかった戦場の別の素顔をつかむことができる」と土井氏は考えたのである。

そうした基本的スタンスを踏まえて、氏は次のような重要な指摘をしている。

「あの戦争を語る場合、今日の価値観、現代の尺度だけで計るとしたら、とんでもない方向に迷い込むことになることを訴えたかったからです」

足かけ五年にわたって綿密な取材を重ねて出来あがった本書は、みごとに戦場の実相と兵隊たちの素顔を浮かび上がらせている。生き残った兵士を探し歩き、遺された者たちからも話を引き出し、丹念に紡ぐように織りあげた感動のドキュメントである。

戦争の真実というものは、一視点、一方向から見たのでは、当然のことながら、その相貌は見えてこないものである。だからこそ、兵士の目線で織り成した本書の価値も、いっそう光彩を放つものになったといえるだろう。

キャッチフレーズに「昔、こんな戦争があった……誰も書かなかった真実!」とあるが、期待を裏切らない良心的作品の一つである。落穂拾いにも似た著者の姿勢に感銘を深くした。(一九九八年三月号)

## 一三　赤沢八重子著『私記・くちなしの花』
### ―ある女性の戦中・戦後史―

1

ベストセラー『くちなしの花』の姉妹篇ともいうべき一篇が刊行された。『くちなしの花』は、名著として評価の高い作品であるが、朝日新聞「窓」欄(1995・8・23)で紹介されて大きな反響を呼んだ。「窓」子は言う。

「戦没学生の手記のなかでも最も優れたものの一つ、と高い評価を得ていた遺稿集……『くちなしの花』を、ぜひ読んでほしい。学徒兵らの心情だけではなく、国家と個人のかかわり方を考えるための貴重な手がかりが、そこに見いだされるのではないか」

その手記を残して戦没した宅嶋徳光氏の心の支えとなった「最愛の人」が、五十年余を経て書き下ろしたのが本書『私記・くちなしの花』なのである。

著者の赤沢氏は、愛する人が飛行訓練中に天候不良のため行方不明となった時のことをこう記している。

——「旦那さん、事故らしいよ。今、隊から迎えさ来っから」

血の気が引いて、目の前が真っ暗になった。

事故の知らせを聞いた後の記憶は、途切れ途切れしかなく、つぎに思い出せるのは徳光さんの私室にいる自分の姿だ。……どうとこみ上げてくる悲しみをこらえ切れず、泣きながら日記の最後の頁を開いた。——

そうして松島航空隊で行なわれた隊内葬の模様をこう綴っている。

——「遺影と遺骨箱がずらりと並ぶ祭壇の真ん中に、徳光さんの写真があった。母に連れられて参列した私は、崩れ落ちそうになる体を椅子の背に押し付け、徳光さんの恥になるからしっかりしなくてはいけない、と自分にいい聞かせた。

「もう俺には八重子だけだ」

面会するたびに、徳光さんは言っていた。私室で仲間と飲んで酔っぱらうと、胸から私の写真を取り出して、

「俺の女房の八重子でーす」

と見せびらかしていたという。――

十三期海軍予備学生として三重航空隊に入り、出水、宮崎の各航空隊を経て松島航空隊付となった宅嶋氏は、昭和二十年四月、金華山沖で殉職する。二十四歳であった。

「俺の言葉に泣いた奴が一人／俺を恨んでいる奴が一人／それでも本当に俺を忘れないでいてくれる奴が一人／俺が死んだらくちなしの花を飾ってくれる奴が一人／みんな併せてたった一人……」と日記に記した若き学徒兵の気持が切々と胸を打つ。

## 2

宅嶋徳光との恋、そして未帰還となった恋人との永遠の別れ。死の病といわれた結核をのりこえて、赤沢氏は終戦を迎える。

「徳光さんとの恋は、悲恋に終わった。最愛の人を失った私は、涙ぐむことが多く、どうしようもない悲しみと寂しさだけが、心の中に深く広がっていた。母は私が馬鹿な真似をしでかさないかと心配で、一時も目が離せなかった」といった状況だったのだ。そうした八重子さんに転機の時が訪れる。小学校の級友から、彼女の従兄の思いを告げられるのである。だがしかし、八重子さんは、結婚しないと決めているし、母もその気持はわかっていたのだ。

ところが、ある日、母親から思いがけない言葉を告げられるのである。

「あんなに真面目にあなたのことを思ってくださる方は、もういないような気がする。あの方のところへお嫁に行った方がいいと思う。きっと徳光さんも八重子の幸せを思って賛成してくださるはずよ」

裏切られた思いの八重子さんは、「そんなこと言うんなら死ぬ」と家を飛び出そうとした。しかし、「母さまが悪かったわ。どうしても死ぬというなら、一緒に死にます」肩を震わせ、声をあげて泣き続ける母親を見た八重子さんは、「母が安心するのならどんなことでもしよう」と思い決めて赤沢禎二氏と会うことにしたのだった。

「宅嶋さんのことは、忘れずにいて上げてください。同じ大学の一年先輩ですし、自分も戦争に行ったので、仲間だと思っています。……彼の分まで日本の復興に尽くし、八重子さんを幸せにします」

八重子さんは赤沢氏と新しい愛を育み幸せを引き寄せたのである。歴史の大波に翻弄されながら、つねに明るく前向きに生きつづけようとした一人の女性の戦中・戦後が綴られている。「悲劇のヒロイン」は、みずからの心組みで「幸福のヒロイン」となりえたのだ。人を愛するということ、生きることのすばらしさを考えさせてくれる作品だ。

## 一四　高橋五郎著『ゼロ戦黙示録』
### ―封印された巨大地下壕の謎―

ゼロ戦に憑かれた一人の男の十三年間にわたる苦闘の歴史がここにある。著者の高橋五郎氏は、長く映像に関わってきた人だが、著書も数冊著わしている。ちなみにテレビのプロデュース作品をあげれば、以下の通りである。

「スペイン王室の記録」（日本テレビ）、「広島原爆はドイツ製だった」（テレビ朝日）、「アルタミラ原始洞窟絵画」（TBS）、「零戦三四六七号」（NHK衛星）等だ。

昭和十五年生まれの高橋氏は、「同じ生まれ年のゼロ戦には親しみやせつなさ、それに因縁さえ感じる」という。海軍航空隊基地のある海辺に育った氏は、「磯に打ち寄せられた木片を拾い集めては、模型飛行機を造るのを日課にしていた」のだが、「必ず二機一対で仕上げた。ゼロ戦とグラマン」なのである。

そうしてゼロ戦への熱い思いを決定的にしたのが中学生時代に読んだ撃墜王・坂井三郎中尉の自伝だったのだ。周知のように、坂井中尉はガダルカナル島の空中戦で敵機の砲火を浴びて瀕死の重傷を負ったものの、奇跡的にラバウル基地へ生還する。

「坂井の」と高橋はいう。

「超人的な精神力とゼロ戦の優秀さに衝撃を受けた私は、その本がボロボロに破れるまで何回も読み直しては興奮した」と。

その坂井機と著者は五十余年後に出あうことになるのだ。つまり「修理された坂井機は、ふたたび別のパイロットを乗せて出撃、そしてガダルカナル島上空で撃墜された」のだが、その機体を高橋氏が「ガダルカナル島の沼地で発見、泥水の中から引き揚げることになる」という因縁があるのだ。

そのようなゼロ戦に深い愛着と関わりのある高橋氏は、昭和六十年［奇話］に出くわしたのだ。「穴の中にゼロ戦が隠されている。それを引き揚げる話にのらないか」というものだった。具体的にはこういうことだった。

「北海道東部の陸上自衛隊美幌駐屯地の真下に旧軍が遺した巨大地下壕がある。その壕には爆破したゼロ戦十数機とじつは外国から強奪した巨額な財宝がある。これらを壕からいま引き上げることが出来る」

こうして高橋氏は、半信半疑ながらこの話に乗ったのである。そして平成五年、奇話の主と高橋氏は念願の発掘に漕ぎつけるのだ。発掘すると、極秘地下壕の入口を探り当てることができた。だが、タテ穴を降りて辿りついた壕の出入口には、石や土砂が積まれていた。時間制限があるため断念する。高橋氏はさすがにないない尽くしの発掘人生に疲れ、何度もゼロ戦発掘の夢を捨てるのだ。

著者は言う。

「単純な好奇心が発掘への出発点でした。ところが、とんでもない世界がそこに待ち受けていました。私はこれまでに知った事実を公開すべきかどうか躊躇しました」しかしながら、「個人の手にも負えず、さりとてさまざまな危険を知りながらあえてそれを看過することもまたできない。世間からははた迷惑だと非難されるのを承知であえて本書を上梓しました」と。

ゼロ戦発掘にみずからの人生を賭けた男の真情が伝わってくる労作である。「発掘にはカネもかかっているが命もかかっている」にもかかわらず、果敢な戦いに挑んだ一人の男の生き様に教えられるものは多かった。（一九九八年八月号）

## 一五　早瀬利之著『将軍の真実』
### ―南京事件　松井石根人物伝―

1

東京裁判でA級戦犯として東條英機ら七人の先頭に立って絞首台にのぼった松井石根の評伝が刊行された。これまで松井といえば、南京虐殺の元凶であるという捉え方が比較的に多かったのではなかっただろうか。しかしながら、本書はまったく異なった松井の人物像を提示している。先入観念や思い込みといった類いがいかに歴史を歪めているかといったことを考えさせてくれる。

　ともあれ、歴史のタブーに挑戦した早瀬利之氏の努力に敬意を表したい。執筆に要した五年間、何度も諦めようとしたそうである。早瀬氏は言う。

「日中戦争、なかでも中支那方面軍司令官松井石根将軍を理解するには、歴史を正視する必要があります。第二次上海事件を引き起こしたのは、中国軍による非武装地帯への侵入と大山大尉射殺事件が決定的なものでした。また南京事件は、上海戦の延長線上にあったのも事実でした。このことは松井石根自身が東京裁判で意見を述べています」

　といったような歴史的事実があったにせよ、そうした史実を世に問うことには勇気や覚悟が必要になってくることも自明の理なのである。

「あまりにも、A級戦犯、なかでも松井石根への偏見が強すぎ、右翼というレッテルを貼りつけていたからです。東京裁判の終止から五十年をすぎた今も、歴史の認識があらたまっていません」

　だからこそ、早瀬氏は「この作品が日中問題の誤解を解くヒントになれば」との思いから発表したのである。

　早瀬氏は昭和十五年に長崎で生まれ、雑誌記者、編集者を経て作家となり、これまでに数多くの著作を著わしている。ゴルフ評論家でもあり、それらの著書は定評のあるところだ。ノンフィクション作品というのは綿密な取材が必要になってくるが、裏付けをとらなければならないし、時間も費用もかかるものなのである。そうした中で著者を駆り立てたものは、その素材に寄せる並々ならぬ熱意であったろう。

## 2

本書はプロローグから始まり、全17章で構成されているが、プロローグには興味あるエピソードが綴られている。

徳富蘇峰との交友もそうだが、驚くべきは、東京裁判のキーナン首席検事の、松井に対する考えである。キーナンは言う。「有罪ではあるが、広田と松井は、死刑に値しない」広田は文官でただ一人処刑された。そうして松井が［断頭台の露］と消えると、キーナンは「そんなバカな！」ともっとも悲しんだという。

それでは、松井の歩みを辿っていこう。

予備役の松井に、上海派遣軍司令官の辞令が天皇より渡されたのは昭和十二年八月十五日のことであった。これから［寂しい凱旋］を迎える昭和十三年二月二十三日までわずか半歳の日時が松井を死に至らしめることになったのである。運命の苛酷さを思わずにはいられない。上海派遣軍司令官に任ぜられた時、松井は老齢ともいうべき五十九歳になっていたのだ。

「誰よりも中国国民を愛し、自ら漢詩をうたい、東洋文化を英・米・ドイツの列強国から守ろうとした松井石根に、邦人の危機を救済するため、わずか二個師団余名で上海に向かう運命の日がくるとは、松井自身、思いがけないことだった」のだが、その以前、松井は中国の要人たちと意見を交わし、蒋介石とも会談するなど、日支和平の道をさぐるために全力を尽くしていたのである。孫文の大アジア主義に共鳴し、その遺志をつぐ中国救済の人物こそ蒋介石であるとみて、蒋を支持してきたのである。

松井が中支那方面司令官に任命されるのは、昭和十二年十一月七日のことである。そのころ松井はマラリアにかかって、三十七、八度の熱に苦しんでいた。ともあれ、独走する第十軍の「南京追撃」を差し止めることはできたのだ。ただこの南京追撃は、時間の差はあるものの柳川第十軍司令官と松井の間に違いはない。大きく異なるのは松井は「約一ヵ月間の、いわば停戦の間に、和平のチャンスをつかもうとしていた」ことなのである。

だがしかし、「事態は思わぬことから急変した。そのことが、のちに大きな悲劇につながって行く」ことになるのである。

歴史の歯車に翻弄される一武人の悲劇の軌跡が惻々と胸に伝わってきて、考えこまざるをえない。松井石根は野に下っても、大アジア主義運動を展開し、中国、インドネシア、マレー、フィリピンの地で、孫文の教えを説いて歩いた。

歴史の闇の中に葬り去られようとしていた一人の将軍の実像を炙り出した秀作だ。戦争とは人間とは何かを考えさせられる一冊。

## 一六　C・ソルバーグ著　高城肇訳『決断と異議』
### —レイテ沖のアメリカ艦隊勝利の真相—

史上最大の海空戦といわれるレイテ沖海戦は、これまでに汗牛充棟、体験記から回想記、歴史的考察の書など、枚挙にいとまがない。だがしかし、アメリカ側から見たレイテ沖海戦というものは、ほとんど刊行されていないといってよいだろう。そうした意味合いからも待ち望まれていた価値ある出版といえよう。

この本を著わしたのは、レイテ沖海戦を戦ったアメリカ第三艦隊旗艦ニュージャージーに乗り組んでいたＡＩＣ士官である。ＡＩＣというのは空中戦闘情報ということだそうだ。例えば日本軍航空隊の各種情報を、すみやかに味方の戦闘機隊に伝える。すると戦闘機隊はただちに発信命令を出し、日本機邀撃に向かわせるのだ。そうして空戦を終えて帰投してくると、パイロットたちから、その日の戦闘の模様などを聞き出し、報告書を作り、司令官に提出するといったような具合だ。

タイム誌の記者だった著者は、戦闘報告や数多くのインタビュー、文献を縦横に駆使して、著者自身が見聞した事柄も加え、輻輳した戦場の様相を、克明に、しかも臨場感あふれる筆致でヴィヴィッドに描き出している。濃密でありながら、しかし実に分かりやすい。もっともそれは訳者の功績も大きく寄与しているに違いないのだが。

「準備」という項で司令官ハルゼーを描写しているところがあるので記してみたい。戦艦ニュージャージーにも夜が明ける。するとハルゼー提督が飛行作戦を指導するために居住区から艦橋へと上がってくる。

「ハルゼーの動きはまことに敏捷だった。服装にしてからがいかにも機敏そうで、カーキ色のシャツの襟元を開き、左腕のポケット上部に航空記章をつけ、同じカーキ色のズボンをはき、双眼鏡入れのついた編み皮のベルトをきっちり締めている」

じつに微に入り細を穿った表現である。そしてその後にハルゼーの風貌を伝える。

「銀髪のハルゼーの髪は、大きな耳に沿った部分を短く刈り詰めてあるが、一部にしか櫛を通していないようだ。ねずみ色、というより黒に近い眉毛は、大股で歩く彼の顔よりも前方に突き出ているように見える。けっして大柄な男ではないが、頭がじつに大きく、肩幅がじつに広いから、一歩踏み出すたびに、前のめりに傾かんばかりに見える。前進するさまはボクサーもどきで、足裏を蹴り出し、弾むように前へ進む。すでに六十二歳だったが、彼の足取りは恋人に会おうと急ぐ男のようだった」

提督がわれわれの眼前にあるもののように彷彿とさせる描写だ。このような筆致で、レイテ沖海戦も辿っていくのである。

「一九二五時、シブヤン海に敵部隊あり。攻撃せよ。繰り返す、攻撃せよ」

ハルゼーの決断は下ったのだ。その決断に異議を唱えるのは誰なのか。レイテ沖海戦の戦闘経過を、逐一追いながら、アメリカ艦隊指揮系統の確執、混乱、齟齬等の知られざる内情を洗いざらい白日の下にさらしているのである。

訳者の「丸」主幹でもある高城肇氏はベストセラー「信濃！」の訳でも評価が高いが、「錯誤と誤判断、幸運不運の糾える戦場の狂気が現実のもののごとく蘇る生のままの歴史を見せられて茫然」となる。日本の実状も考えさせられる労作だ。（一九九九年十月号）

## 一七　井上理二著『駆逐艦磯風と三人の特年兵』

### 1

本書の標題にある「特年兵」とは正式には「海軍特別年少兵」という。だが、この少年兵が存在していたことは、海軍沿革史には記されていないのである。というのは、「満年齢十六歳以上でないと兵隊にしてはならない」としたジュネーブ条約に違反して「数え年十四歳以上、十六歳未満」の兵隊を誕生させたからである。戦争の激化の中で大量に失われた兵士を補充するためとはいえ、十五歳半ばの少年兵が続々と生みだされたのだ。この兵たちがいわゆる特年兵なのである。

著者の井上氏が、この特年兵のあるがままの姿を描いた鎮魂と告発の書が『あゝ海軍特年兵』として昭和四十七年に光人社から刊行された。この本によって人々は「幻の特年兵」

の存在を知り衝撃をうけたのだった。くわえて同じ年に「海軍特別年少兵」という映画も上映されたのである。

井上氏は昭和十七年三月に高等小学校を卒業すると、九月には第一期特別年少兵として大竹海兵団に入団し、十八年八月に特別年少兵課程を終えて横須賀海軍航空学校に入校する。そうして十九年一月、駆逐艦「磯風」に乗り組むと船団護衛、マリアナ沖海戦、レイテ沖海戦に参加し、遂に二十年四月、戦艦「大和」と共に沖縄特攻作戦に参加することになる。

だが「磯風」は沈没して駆逐艦「雪風」に救助され、五月からは第一期特別幹部練習生教員となり終戦を迎える。

井上氏ら第一期特年兵は三千七百名、そのうち戦死した者二千五百名、七十八パーセントもの損耗である。いかに激戦の渦中に投じられて奮闘したかがうかがわれる。と同時に幼い兵たちに思いを馳せるとき、胸にこみあげてくるものを押さえ切れない。

ともあれ、このたび井上氏は「磯風」に乗り組んでいた三人の特年兵の生と死をからませながら、「武勲艦磯風」の緒戦の真珠湾攻撃からその最後までを、戦友たちの証言をもとにみごとに描きあげたのである。それも三百四十頁という大作をである。井上氏の並々ならぬ使命感には頭が下がる思いがする。

## 2

作家の小林久三氏が本書の序文を書いている。本書の読みどころ、作品の価値をはっきりと提示しているので抜き書きしておこう。

「太平洋戦争中における『磯風』の動きを鳥瞰図でとらえようとしている。『磯風』は太平洋戦争中、どのように戦闘にかかわり、壮烈な最期を迎えたのか。それは、井上氏の生涯をかけた問いかけでもあるのだろう」

「井上氏が本書に顔を出す。そのとおくに『磯風』の動きも魚の水を得たように生き生きとしていて、精彩を帯びてくる」

「みずみずしい筆致で描き出された史料的価値の高い特異な戦記であり、貴重な青春の書、鎮魂の書である」等々。

「逆説的だが」と小林氏は言い、こうつづける。「十代半ばで生死を賭けて凄惨な戦闘に参加したという稀有な体験をもつ井上氏は、きわめて幸運な青春を送ったといえる。これだけ、鮮明に光り輝く青春を過ごした少年が、昭和史をつうじていただろうか」

それにしても、井上氏の文章表現の巧みさにしばしば驚かされたが、何よりも自身の目で見、身体で体得した戦争そのものが心奥に刻印されていることを、まざまざと見せつけられる。圧倒され、そして深い感動につつまれる。死線をくぐって生き抜いてきた少年兵の怨念ともいうべきものが、そこにはある。小林氏もこう書いている。

「私は井上氏の幸運と不運をおもった。井上氏の青春は、『磯風』の沈没とともに終わったといえるが、そのとき十七歳であった」

そうしてそのあとのことを、次のように結ぶ。

「十七歳で、軍隊という組織の傲慢さ、恐ろしさを体験し、死に直面することで生命の尊さと戦争のむなしさを知ってしまった人生とは、どんなものなのか」

普通の尺度ではとうてい推し量ることのできない井上氏の深く重い深淵がそこには存在するのであろう。ともあれ本書の書き出しはこうだ。

「どんよりとした重い空気が呉の上空を覆っている。冬の到来をつげる冷たい風が、頬をかすめて通り過ぎた。艦と艦との谷間を運搬船が行きかう。バタバタと旗が泣いている。赤い旗は弾薬を運ぶ船、白は水、糧食を運ぶ船で、そのあわただしさをました」

御前会議で十二月八日を開戦日と決定した十一月中旬の冬空の呉軍港の状況を記しているのである。緊迫した様相が臨場感をともなって伝わってくる。

「死に直面し、向かいあい、恐怖と戦慄の中に置かれたからこそ、生命の尊さが分かり、戦争のむなしさを心に抱くのである」とは井上氏の末尾の叙述だが、心に留めおく言葉であろう。声高に戦争反対を唱える人達よりも遙かに平和の素晴らしさを教えてくれているといえるであろう。

## 一八　星亮一著『天風の海』
### ―会津海将　出羽重遠の生涯―

日露戦争で日本軍に勝利をもたらした愛媛松山の秋山真之、好古兄弟と俳人・正岡子規の交遊を軸に新生日本の階段を駆け昇っていく明治の群像を描いたのが司馬遼太郎氏の代表作の一つ『坂の上の雲』であった。その〔東北版〕ともいえるのが本書なのである。薩長をはじめとする明治新政府を創りあげた勝利者の側からではなく、朝敵の汚名をこうむり〔賊軍〕となった側からの物語である。

その会津から二人の大将を輩出した。ひとりは陸軍大将となった柴五郎であり、もうひとりは本書の主人公・海軍大将出羽重遠である。この二人に東京帝大総長となった山川健次郎をからませて、著者の星亮一氏は、もう一つの『坂の上の雲』を描き出したのだ。

御用所書物掛・出羽佐太郎の長男として生まれた重遠は戊辰戦争の時十四歳、柴五郎は十歳、戦う意思はあっても参戦は許されなかった。一方、山川健次郎は十五歳、白虎隊士として戦うのである。だがしかし、重遠は弾薬庫から火薬を運んだりして場内を走り回り、差し違える覚悟で刀を握りしめていたのであり、五郎は幸いにも城下を離れていて自身には累は及ばなかったものの、家族は自害して果てたのである。それぞれがそれぞれの戦い方をしたのだ。

ところで著者の星氏の横顔を紹介しておこう。一九三五年、仙台に生まれ、東北大学を卒業して新聞記者、テレビ局勤務を経て文筆活動に入っている。歴史に材をとった著作を数多く発表している。本書も大冊ながら、あきさせず一気に読ませる筆力はさすがだ。淀みのない展開は、肩肘張らない表現方法と相俟って小気味よい。出羽重遠を通して彼が生きた時代と人が鮮やかに蘇ってくる。

「佐世保の海は、波が高かった。二月は海が荒れる季節である。海のかなたにロシア海軍が牙をむいているかと思うと、沈着冷静な出羽でも気持が高ぶった」

第三戦隊司令官としてロシアを迎え撃つ出羽の心情を如実に表わしている。そうして戦いは始まり、ロシア太平洋艦隊司令官マカロフ中将と相まみえることになるのだ。

「この日のマカロフ艦隊は旗艦を先頭に九隻の駆逐艦で編成されていた。砲弾が近くで破裂するようになった。周囲の海面に水柱が上がり、砲声が轟いた。頃合いを見計らって出羽の戦隊は大きく反転した。いつもなら敵も連鎖反応のように反転するはずなのだが、この日は違っていた。速力を増して追ってきた」

そのあとマカロフの艦は機雷に触れて爆発を起こし、司令官もろとも沈むのである。出羽はこの勝利のあと、中将に昇進する。

「ところで」と星氏は言う。「会津から出た大将は、後にも先にも出羽と柴の二人だけである。会津は朝敵であり、一般の人々の苦労は、並大抵のものではなかった。薩長対会津の確執は今日もなおくすぶり続けている」

これほどまでに会津戦争の傷跡は深いのだ。だがそうした「賊軍会津というハンデを乗り越え、大将の地位に上りつめた」出羽は、単に運がよかっただけではなく「常に国家、国民を考えていた愛国者であり、会津に固執せず日本を見つめるその姿勢が山本や東郷に認められた」というのは星氏の指摘だが、逆境を乗り越えた男の生き方には感動を覚える。

（一九九九年十二月号）

## 一九　細川呉港著『ノモンハンの地平』
### ―ホロンバイル草原の真実―

1

じつにユニークにして面白い切り口の一冊が店頭をにぎわしている。著者の細川氏は広島生まれの五十六歳、モンゴルに魅かれてそのとりこになったのは、一九七六年以来、数度にわたる中国および旧満州の旅行がきっかけとなったのだという。細川氏はその間の事情をこう綴っている。

「かつて満州国で生まれた人あるいは青春時代を送った人たちと一緒に回った時は印象的

な旅になった。また兵隊として満州に駐屯していた人たちのグループ、あるいは開拓団として渡満し、ソ連の侵攻の時に壮絶な逃避行をした人たちとその足跡をたどったこともある。それぞれの人たちの思いは複雑で千差万別だが、そうした人たちとの体験を通じて、かつての満州国を、ただ侵略の対象として、日本の歴史のなかで一刀両断に切り捨ててしまうことは、あまりにも浅薄にすぎることも気づいた」

つまり、どんな場所であれ、そこには人間の悲喜こもごもの人生そのものがあるのである。それらを等閑視して闇のなかに葬ったままでいることは、その民族を理解しえぬまま、再び誤った歴史を繰り返すことにもなりかねないのだ。歴史を真摯に学ぶことこそが平和を構築していくことに大いに寄与することは間違いないところだろう。

そうした経緯をへて、細川氏は旅から帰るたびに、特に戦前に発行された中国関係の本を渉猟した。それも歴史や文化、経済、社会、民族と、広範囲にわたって記述されていることに細川氏も驚くほどに、当時の学者たちが現地に渡ってその成果である記録を残しているのである。

そうして細川氏は、さまざまなモンゴル人のいるホロンバイル平原に一九八九年から一九九九年まで、五回にわたって「北京牌」、つまり中国版ジープを駆って走破したのだ。

本書はその収穫物なのである。細川氏の言葉を借りる。

「手記は単に草原の、もの珍しい体験談ではなく、体験を通して考えた一日本人としての、私の思考の記録である」

ちなみに細川氏は、日本人として戦後初めて中国側からノモンハンの地に足を踏み入れているのである。現地を踏破した細川氏の筆は、だからこそその光彩をいっそう放って私たちに訴えかけてくるのだ。モンゴルにまるごと浸かった細川氏の思いがひしひしと伝わってくる異色の草原紀行といえよう。

司馬遼太郎氏がやはりモンゴルの草原を、氏独自の視点から書き綴っていたが、本書もそれに劣らない力作であると思う。

## 2

本書は草原の民の生活や文化を、深い洞察と鋭い観察眼によって抉り出しているのだが、とりわけノモンハン事件の真相や戦争末期のハイラル地下要塞の攻防戦の実態、ハルハ河国境確定問題など、私たちにとっても関心事の深いテーマを、判り易くみごとに説き明かしている。それも証言のみならず、現地の写真や、収集した当時の図などを縦横に駆使して、それらの諸問題を再現し検証しているのである。十年という歳月を費やしての成果なのであろう。

本書は『ノモンハンの夏』の半藤一利氏も絶賛している文字通りの労作であるが、取材間、夫人を亡くされるという障害をのりこえて書き綴っただけに、並々ならない細川氏の覚悟のほどとその思いがストレートに響いてくる。

四部構成から成る本書であるが、その項目を参考までに記しておきたい。

第一部は「ホロンバイル草原紀行」であり、以下、第二部「ハイラル地下要塞の防衛戦」、第三部「ノモンハン戦争から何を学ぶべきか」、第四部「砂に埋もれた忠霊碑」となっている。本書には貴重な写真や図版類がふんだんに採り入れられており、なおいっそう本書の興趣をそそる。また本文中に興味あふれるカコミ記事も掲載されている。ちなみに記すと、以下のようである。ホロンバイルの砂山、三河地方のコサック開拓村、少数民族伝統体育運動会、燃え残った軍の記録、ハルハ河ははたして国境だったか、等である。

第三部で細川氏はこう記している。「ノモンハン事件は大東亜戦争の末期まで、日本軍の戦い方だけでなく、日本そのもののその後の進路にも、大きな影響を与えたと思う。与えたというより、指針になった。あるいは拘束されたといった方がいいかもしれない」。そうしてこう続ける。「ノモンハンを知ることは、日本ひいては日本人を知ることになるのだ」と。まさに至言であろう。

## 二〇　伊藤桂一著『大浜軍曹の体験』

戦記小説の第一人者が鏤骨の筆をふるって戦野の兵隊たちの姿を浮き彫りにした最新作が刊行された。今や戦記小説を描く作家はほとんどいないといってよい状態になっている。

そうした中で、八十三歳という年齢を感じさせない伊藤氏の健筆には頭が下がるだけでなく、戦記小説の醍醐味をも味わわせてくれる。

根強いファンを持つ伊藤氏の作品は、小説として戦記としてじつにいろいろなことを考えさせてくれるだけではなく、兵隊と戦場の実相を微細に描いているから、そうした面での資料的価値も十分に持っている。

三度にわたる、七年にもおよぶ兵隊生活を伊藤氏は体験しているのだが、だからこそその作品は臨場感にあふれ、しかもある切実さをもって読者に語りかけ、その心を揺さぶってくるのである。氏は苛烈な戦場の中にありながら、氏の周りの風景を、そして人間を慈しみのまなざしでその内部に焼きつけてきたのだ。

辛く厳しい軍隊生活の中で、しかし氏はそうした境遇をのりこえ、ひたすら一筋の光明を見つめていく、いわば向日性の兵隊たちを描き出そうとしたのだ。つまりそれは、そうでも考えなければ、生きてはいけない場所なのであった。生と死が隣りあわせの戦いの場に身を置いた兵隊たちは、それでも戦闘間には、普通の日常生活をも営まなければならなかったのだ。悲しいといえば悲しいだろうが、しかし置かれた状況を素直にうけいれていくという逞しさも反面にはあるのである。

弱兵だった著者は、しかし軍隊のメシを食う時間が長くなった時、強兵に、つまり新兵から頼りにされる古参兵になりえたのだった。どんな状況下でも人間性を失わなかった伊藤氏の文学は、遺憾なく戦場小説で発揮されたのだ。

氏は「螢の河」で直木賞を受賞するのだが、それまで数度芥川賞、直木賞候補になっている。戦場小説を書き始めてから長い年月がたっていた。氏が自身の作品の中で言っていることだが、宿痾を抱え、生活に疲れ、母と妹を支える気力も尽きようとしていたのだった。そうした苦節ののちに伊藤氏の戦争文学はみごとに大輪の花を咲かせたのである。「静かなるノモンハン」で芸術選奨文部大臣賞および吉川英治文学賞を受賞し、昭和六十年には紫綬褒章を受章している。文字通り、戦争文学作家の至宝である。

氏はしかし戦記のみならず、底辺に生きる人びとの生きざまを時代小説の中でもみごとに描き出している。また自身の身辺を綴った、いわゆる完成度の高い純文学をも発表してきている。

ともあれ、伊藤氏の最新の兵隊戦記は、みごととしかいいようのないすばらしい作品群で構成されている。氏は本書について、こう言っている。

――この戦話集は、戦場におけるさまざまな部分を、つとめて具体的に詳述してゆくということを、本旨としている。読者に追体験をしていただきたいという願いがあるのだが、むろんこれは、次の世代の人々によって、という意味もある。――

ここで少しく本書に触れておくと、表題作は桐兵団の対八路戦を背景に描いている。そこには実に鮮やかに兵隊が、そして戦場が息づいているのである。氏にはこれからも多くの兵隊小説を、「兵隊たちの語り部」として書きつづけていただきたいと、切に願っている。

（二〇〇〇年三月号）

# 二一　小山美千代著『最後の特攻　宇垣纏』
## —連合艦隊参謀長の生と死—

### 1

これまで連合艦隊司令長官山本五十六について書かれたものは汗牛充棟の感があるものの、その補佐役を勤めた参謀長宇垣纏の人間像に迫ろうとした書物は意外に少ない。あってもその殆どは［特攻］のみに焦点をあてている。今回の小山氏の著作は、従来の宇垣の評価・見方とは全く異なった捉え方をしている。軍人ではあるが、一家庭人でもある宇垣に肉薄し、彼の「愛と苦悩」を、しなやかな感性で浮き彫りにしている。

小山氏は昭和四十二年、東京青山に生まれ育ち、専修大学文学部を卒えると、競馬専門紙に入社し編集制作に携わる。その後、出版社に勤め、競馬雑誌、書籍の原稿を書き始め、その傍ら戦記にも興味を持ち、丸別冊「戦史と旅」に本書の原型となる「重すぎた歳月」を連載している。

もともと歴史書を好んで読んでいた小山氏は、神保町の古書店で宇垣の「戦藻録」を見つけ、目的の歴史書を購入するついでに買ったという。

「著名な文献だし、一度中身をのぞいても、損はないかという程度の動機で……」

ところが、小山氏にとって宇垣纏は四六時中、頭から離れない存在になるのである。「方々の著作物に引用されるこの文献も、随所の抜粋部分だけを見ると、傲岸な印象を残す記述もあるが、冒頭から日を追って読んでいけば、言葉の端々にこの人本来の人柄が見てとれる。ついでに手に取ったはずのこの本に、私は中途からひどく共鳴し、昭和二十年八月、彼の生涯の終わる日まで夢中で読んだ」

戦争とは全く無縁の若い女性が、文語調で書かれた、その背景の理解も困難であろう「戦藻録」を読み通したのである。ばかりか宇垣に近しいものさえ覚え、虜になるのだ。「文体は古めかしい文語調だが、まったく気にならなかった。この国の言語は口語で表記するよりむしろ、文語で書かれたとき、より美しい基調音があることも初めて知った気がする」

没頭し読みこんだ結果・成果なのであろう。と同時に豊田穣氏も絶賛する、宇垣の「戦藻録」に発露具現された文才は、時代を越えて訴えかけてくるものだということも証明してくれている。

本書はその「戦藻録」に加え、宇垣のプライベートな日記を主体に、数多の参考文献や宇垣の一子、博光夫人・富佐子氏の談話ならびに関係者の証言をまじえて執筆されたものだ。岡山の生家や最期を迎えた鹿屋にも度々足を運び、宇垣の息吹を体現しようとしている。

## 2

「世田谷の外れに、東玉川という割に静かな町がある」と書き出されるプロローグで、小山氏は宇垣家の家庭事情をさりげなく伝える。ラバウルの航空基地にいた宇垣は、一人息子・博光の便りに目を通す。慶応の医学部に在学していた博光は、「昭和十八年、最終学年に進級した四月、母の三度目の法要を終えた報告に添え、海軍省軍医科を受験する」と知らせてきたのだ。息子の書信に眼を通した宇垣は、しかし「先に妻のことを思ったようで、『知子の三年祭に手向く』と題し、いささか羨ましいような恋歌を作っている」のだ。二首ある。惜しみても返らぬ花の面影を戦半に忘れ得も勢ず／常夏の花とりどりに手折り来て君が御霊に今日ぞ捧げん。

「今度の開戦で日本の占領下に入ったラバウルは」と小山氏は書き、こう続ける。「ジャングルの山並み近く、ハイビスカスとかブーゲンビリアとか、深い紅の花がたくさん咲いており、宇垣も何度となく眼を留めたのに相違ない。もっともその年、宇垣はすでに五十を過ぎた年齢で、先の歌は随分、センチメンタルな趣向ではある。仮に妻が元気でいたら、果たしてこんな思慕を抱くかどうか、それを問うのは丸三年独り身の彼に酷である」

それにしても、息子が軍医を志すという知らせに嬉しくないはずはなく、別にもう一句詠んでいる。御軍や轡《くつわ》ならべて父子の駒――。宇垣の亡き妻と息子に寄せる思いが哀切に伝わってくる。

こうして「第一章　山本長官の死」に導かれていくのだ。その冒頭——。

「戦艦『武蔵』はその日、士官七名、下士官四名の遺骨を乗せ、朝陽に光る海上を木更津沖へ近づきつつあった。昭和十八年五月二十一日、日米が開戦してから二度目の春のことである」

この先の展開を暗示するみごとな表現だ。戦いの経過も過不足なく背景にちりばめながら、宇垣の真の内面を抉り出そうとしている。鹿屋の海岸に佇んで、「宇垣もかつて、この海を見つめたのだと思うと、知らずのうちに涙があふれ止まらなかった」小山氏の思いが、宇垣に耽溺することなく一個の文学に昇華された感動の佳作だ。

## 二二　玉手榮治著『陸軍カ号観測機』
### —幻のオートジャイロ開発物語—

空白の航空史を埋める著作が出版された。砲兵隊の観測機として開発された「カ号」——そのすべてを伝えようとしたのが本書なのである。

萱場カ号観測機は日本で最初に作られたオートジャイロだが、それではオートジャイロなるものはどんな航空機かと問われると、多くの人は説明に窮するというのが実情であろうと思う。つまり「どのような飛行原理なのか」「なぜ回転翼なのか」が分からないからなのである。本書はそのあたりをきっちりと押さえていて、東大教授・鈴木真二氏の「特別講座オートジャイロの原理」が特別に収録されている。また玉手氏自身も、オートジャイロの発明者ファン・シェルバについても多くのページを割いている。

ここで著者の玉手氏の経歴について書いておこう。昭和十六年、福島県に生まれた玉手氏は福島第二高等学校を卒業すると、新聞配達を皮切りに自動車修理工、国鉄臨時雇用員、ピアニスト、デザイナーなど二十あまりの転職を重ねながら、名のあるプロジェクトにも参加してきた。その間、紙飛行機から大型精密模型まで多種多様な航空模型を作り続けてきた。とくに電動Uコンのシステム開発では大きな成果を上げている。

平成十年には、精密古典航空機模型製作を目的として「玉手ヒコーキ工房」を設立し、同年には日本橋丸善で個展を開催した。現在は世界の航空博物館を廻って古典機の研鑽を積みながら、「24分の1の実機」といわれる精密模型の製作に打ち込んでいるという。

玉手氏が本書を執筆することになったのは、精密古典航空機の模型製作を業とする氏のところに、カ号の製作発注の依頼がなされたことに始まったのだという。玉手氏は言う。「資料の少ない機種であることは良くわかっておりましたが、もともと興味を持ち続けた機体」だったので、引き受けたのである。

この「日本で初めての回転翼機」としてその名を航空史に刻み込みながら、陸軍航空の主流からはずれた出自のために「キ番号」をあたえられず、これまで詳細が語られることのなかった「カ号観測機」の全貌を、玉手氏が新たに発掘した資料に、関係者のインタビューを加えて書き下ろしたのである。日本航空史の空白に挑み、奇しき運命に操られた「幻のオートジャイロ」の姿を、玉手氏は描出することに成功した。

「老津部隊で聞いた話であるが、遠州灘を哨戒中、海軍に護られることもない輸送船を見る。北に行くのか、爆雷を腹にぶらさげた日の丸回転翼をみて、船上の兵士は盛んに手を振る。孤独の洋上でどれ程心強く感じたことか。燃料の続く限り随伴する。船団を別れるとき無事に行って呉れるよう祈ったという」

右の一文は、陸軍カ号観測機の設計主務者であった小原五郎氏の「回転翼開発の頃」と題された二ページほどの短文のごく一部である。寡黙な人だったと伝えられている小原氏が「おそらく〈カ号〉に関して自ら語った唯一ものではないかと思われる」(玉手氏)貴重な証言である。

玉手氏はこの文を見た時、「その光景の一つ一つが目に浮かんで胸が熱くなり、しばらくはその感情の置き所」に困り果てたという。未発表写真も豊富であり、巻末には「カ号観測機資料」も付されている。カ号の実像を描き出した労作である。(二〇〇二年九月号)

# 二三　毛利恒之著『青天の星』

## 1

映画動員数二一〇万というベストセラー「月光の夏」、そして「月光の海」に続く書き下ろし第三作に当たる話題作が上梓された。映画化もされて「止まらぬ涙、かみしめる平和」といわれる大きな感動を呼び起こした「月光の夏」と同様に、特攻の犠牲をテーマにした完結篇である。

著者の毛利氏は、一九三三年、福岡県生まれ。熊本大学法文学部を卒えると、NHK契約ライターを経て、フリーとなった。一九六四年、脚本「一八年目の召集」で第一回久保田万太郎賞を受賞する。ドラマ、ドキュメンタリー、小説など幅広く執筆に当たっているが、戦争と戦後問題をテーマにした作品が多い。二〇〇〇年に放送されたオーディオドラマ「ヒロシマの黒い十字架」は、文化庁芸術祭大賞を受賞した。

特攻死を遂げた若者は六〇〇〇人、毛利氏は緻密な資料収集と取材を積み重ねて本書を纏められた。具体的には、特攻の史実に基づいた記録、特攻戦死者の遺書、遺族並びに戦闘体験者などの証言等々によって、ドキュメンタリー・ノベルの形態で著わしたものなのである。

本書はプロローグで始まり、全六章で構成されている。プロローグは、新聞記事の体裁をとったもので、エアラインの航空機事故を伝えている。

「七月六日午前十時半ごろ、ジェイ・エアウェイ羽田発福岡行き105便（長谷川良治機長、乗客乗員二百三十三名）のB767型機が、山梨県の富士山の北寄りの上空一万メートル付近で急激に降下し、客室乗務員一名が頭部を打って一時意識を失い、乗客三名も軽い傷を負ったため、羽田へ引き返した。乱気流に巻き込まれたと見られる」

そうして記事はこう続く。

「羽田で負傷した客室乗務員志村南帆子さん（二三）を病院に収容し、軽傷の乗客に応急手当てをした後、105便は代替機で定刻より二時間遅れて福岡へ向かった」

ここに登場する志村南帆子が本書の主人公になるのであるが、このとき操縦に当たっていた副操縦士鷹島健介との「特攻探索」の旅が幕を開けるのである。

「霧は深い靄《もや》の底に沈み、死んだように沈黙していた」で始まる冒頭の章で、志村は病室で意識が戻る。そうして再び眠りに落ち、翌朝めざめるのだが、そのとき母親から朝刊の社会面を見せられる。そこにある大見出しには、「JAW機事故　乱気流ではなかった操縦誤り？　副操縦士が謎の急降下」とある。

副操縦士がそのとき見たものは、一体何であったのか。事件はミステリアスな出来事から意外な方向へと展開していくのであるが、実に読みやすく構成がなされていて、読者はぐいぐいと引き込まれていくことになる。幾つもの特攻にまつわるエピソードを巧みに織りまぜながら、本書の核心へと知らず知らずのうちに誘われていく。みごとな構築というほかはないが、特攻というものを、現代の若者たちに抵抗感なしに読んでもらうための方策を考えつくした成果であると思える。本書によって、一人でも多くの若者が特攻の時代に生きなければならなかった青春というものに思いを致すことになるであろう記念碑的作品である。

## 2

二〇〇一年九月十一日、ニューヨークの世界貿易センタービルに、テロリストにハイジャックされた旅客機が突入する生々しいシーンは衝撃的なものだった。その際のアメリカのメディアの中には、この自爆テロを「カミカゼ・アタック（神風特攻）」と報じるものまで現われた。日本の新聞の中にも、「アメリカのメディアにカミカゼと報じられて日本人は、後ろめたい気になる」という記事まであった。

毛利氏は「後ろめたい気になると、なぜ、書くのか」と痛恨の思いに駆られ、そうしてこう記すのである。

「民間旅客機を乗っ取り、乗客もろとも突入し、二千八百人のいのちを奪った『自爆テロ』と、太平洋戦争中の日本軍の『特攻』（特別攻撃隊）は似て非なるものです」

このように誤解されているのは、つまるところ特攻というものの実態が知られていないという現実を露呈しているといえるであろう。「軍の特攻作戦と、それに殉じた若者たちの特攻死を、特攻とひとくくりにして、一概に論じることはできません」とは毛利氏の言葉だが、体当たり特攻で自らのいのちを絶たなければならなかった若者たちの悲劇をふたたび繰り返さないためにも、戦争体験は語り伝えていかなければならないのである。

そうした使命感をもって毛利氏は、「知られざる特攻、忘れられつつある特攻の事実と犠牲」を、小説という形でいかに今の若者に理解してもらえるかを念頭において、新たな試みに挑戦しつづけているのである。毛利氏の実験的ともいえる新視点の戦争文学がつぎつぎと生まれることを期待している。

## 二四　小林久三著『軍人宰相列伝』
### ―山県有朋から鈴木貫太郎まで三大総理実記―

推理作家・小林久三氏が独自の視点から明治、大正、昭和三代にわたって総理大臣を勤めた軍人たちを俎上にあげた人物伝が発売された。採りあげられた人物は十四人。「天皇の軍隊」を創った軍人初の首相・山県有朋から始まり、日本を救った「終戦内閣の長」鈴木貫太郎で稿を終えるのだが、その間の人名を列ねておくと、桂太郎、山本権兵衛、寺内

正毅、加藤友三郎、田中義一、斎藤実、岡田啓介、林銑十郎、阿部信行、米内光政、東條英機、小磯国昭である。

雑誌「丸」別冊で始まったこの連載は、途中で病に倒れ、中断のやむなきに至り、その後、時間を経て小磯と鈴木を書き下ろして完成を見たという経緯がある。

「連載がはじまってまもなく脳梗塞に襲われるというアクシデントが起こった」

小林氏にとっては二度目のことである。一度目は五十二歳の時で、その後、心筋梗塞も経験し、心臓バイパス手術も受けている。

「二度目の脳梗塞は」と小林氏は書き、こう続ける。「こたえた。脳の中心部をやられてそのために、嚥下障害となった。つまり口から水と食物をとることが不可能になったのである。かわりに胃に管を通し、管から水と最低限の栄養をうけることになった」

そうした状況の下で、小林氏は連載に取り組んでいたのである。病室に資料を運び込んで書斎に変え、体力不足に鞭打って「全力投球」を行なったのだ。だがしかし、「最後の一歩手前の『小磯国昭』のところで力つき、一行も書けなかった。完全に力つきて、身動き一つできなかった」状態に陥ったのである。それから一年半たって、「口から水と食物が食べられるようになるとともに、原稿も書けるようになってきた」結果、本書を書きあげることができたのだ。

小林氏は昭和十年生まれ。東北大学文学部を卒業すると松竹大船撮影所に助監督として入社し、以後プロデューサーとして活躍する。昭和四十九年に「暗黒告知」で江戸川乱歩賞を受賞。歴史や映画界を題材とした推理小説には定評がある。学生時代にイギリス近代史に興味を持ち、学んでいたことが、海軍史ひいては軍事史の研究を行なうことにもなり、この関連の著作も著わすことになったのだ。

小林氏は、本書執筆の意図をこう説明する。

「(軍人宰相の)歩みは、まさに明治、大正、昭和を貫いている。彼らはまた、その時の独裁者として君臨し、日本を破滅の淵においやったのか。私の知るかぎり、必ずしもそうでないような気がした。軍人宰相の上には重臣が存在してその仕組みは、ある意味で複雑な二重三重の構造になっているのではないか」

だから、その辺りを手がかりにしていけば、おもしろい軍人宰相史が書けるに違いないとの確信が芽ばえたのだ。

十四人の軍人首相の事績とその横顔を、小林氏は実によく限られた紙数の中で表現している。それぞれの人物に冠された言葉は、その人物の特徴を鮮やかに捉えている。軍事史にも造詣の深い社会派作家ならではの、切れ味鋭い読みごたえのある一冊である。それでも、「積み残した滞貨があまりにも多いような気がする」という小林氏は、「万全の体勢をとって」次なる著作に向かい、邁進する姿勢を鮮明にしている。益々の活躍を祈りたい。

(二〇〇三年四月号)

## 二五　今戸公徳著『宇佐海軍航空隊始末記』
### ―艦上攻撃機、艦上爆撃機のメッカの全貌―

1

戦史にその名を留める数多の最前線搭乗員を輩出した第一線航空部隊・宇佐海軍航空隊の開隊から終焉までを克明に書き綴った大部の著作が刊行された。「遙かなる宇佐海軍航空隊」のタイトルで、別冊「丸」及び本誌に連載されたものがそのもととなっている。

宇佐海軍航空隊――略称して「宇佐空」と呼ばれていたこの海軍の航空隊が、かつて大分県宇佐郡柳ヶ浦村（現在の宇佐市）の地に在ったという歴史的事実を知る人は、地元ですらも少なくなっているのだという。ましてや敗色同然となった昭和二十年四月、この宇佐空から特別攻撃隊員が出撃し、百七十三人の搭乗員が祖国のために沖縄海面で散華した史実を証言する人もまた、ほとんどいなくなってしまったのである。

著者の今戸氏は、この宇佐市で一九二五年に生まれている。旧制中津中学を終え、明治大学予科へ。在学中に特甲幹を志願して陸軍輜重兵学校に入校する。復員して同大学商学部へ。一九五〇年、毎日新聞東京本社に入社。広告部に在籍中に脚本家井出雅人氏に師事してシナリオ作家になり「ダイヤル一一〇番」（NTV）でデビューする。日活、NTV、TBSに多くの作品を発表、一九六三年に帰郷して家業の酒造業の傍ら執筆活動を続けている。ちなみに今戸氏の造り酒屋「民潮酒舗」の酒は宇佐神宮に奉納されている。

ところで今戸氏が復員命令が出て郷里の宇佐に帰りついたのは、八月二十五日ごろだったというが、目に入ってきたのは宇佐空の滑走路や格納庫、無線塔ではなく、ヒン曲がった鉄骨の格納庫、そのうえ兵舎も鉄塔も瓦礫と化している無惨な廃墟の姿だった。「勝利の日まで」を信じ、学業を放擲して祖国のために戦場へ赴いたのに、結果は倒壊した宇佐空と被災した激しい故郷の姿だったのだ。

「歳月は」と今戸氏は書き、こう続ける。「祖国日本の姿も桁違いに変貌してしまっている。アメリカと干戈《かんか》をまじえた歴史さえ知らない若者のいる現実や、日本人としての魂の背景を忘れてしまっている戦後の姿を目にすると、当時、祖国の危急に遭遇して一身を捧げた時代のあった事実を証言し、また記録しておかなければならない義務感にかられるのである」と。

## 2

昭和十四年十月一日、宇佐空は、二十番目の海軍航空隊として僻陬《へきすう》の地に誕生する。開隊時の規模は東西一二〇〇メートル、南北一三〇〇メートル、滑走路三〇メートル×

一一五〇メートル、隊員数は司令以下八〇〇名。「艦攻・艦爆のメッカ」として搭乗員の訓練・錬成にいそしんだこの航空隊も、前に触れたように特攻基地としての使命を果たすことになる。宇佐空で三十九期飛行学生として艦爆の実用機訓練の教程を共に受けた「最初の特攻」関行男大尉、「最後の特攻」中津留達男大尉をはじめ、多くの若者たちがこの宇佐空から特攻出撃していったのである。

ところで六ヵ月の教程を終えた関大尉は霞ヶ浦海軍航空隊へ教官として赴任するが、中津留大尉はそのまま宇佐空に残留し、教官兼第二分隊長として昭和二十年三月まで予科練の雛鷲たちの教育にあたっている。この中津留大尉が終戦の日、宇垣纏中将機に同乗して大分基地から飛び立ち、特攻死を遂げるのだが、宇佐空との縁が深いこともあり、この辺りの事情にもかなりのページを割いている。

「事実を事実として記録しておかなければ歴史の真実は見えてこない」という今戸氏の思いが本書を纏める力となったのである。今戸氏は言う。

「この僻村の地に海軍の航空隊が存在し、国を思う若い飛行兵たちが、特攻に出て散華した事実のあった昭和十年代を、可能なかぎり書きとどめるのは、生き残った者の使命であり、義務である」

特攻出撃する前、特攻隊員たちは、宇佐神宮に武運を祈願したのだが、そのとき今も宇佐神宮に保存されている芳名帳に墨痕鮮やかに揮毫しているのである。「昭和廿年四月一日　第一八幡護皇隊　海軍大尉　藤井真治外廿名」といったようにだ。本書にもその揮毫が掲載されているが、魂がこもっていて厳粛な気持に誘われる。

特攻基地と化した宇佐空からは、特攻隊員に選ばれた十三期、十四期の予備少尉、中尉の何名かが地元の人たちの見送りをうけて、つぎつぎと発進してゆく。折から満開の桜は特攻戦士に捧げるはなむけに似て象徴的でさえある。見送る女子学生はこう詠んだ。

「五分咲きの　花の箙《えびら》に　君征きし」

今戸氏のライフワークともいうべき本書は、戦争の時代の庶民の歴史でもある貴重な価値ある労作だ。写真もふんだんに収載されていて興趣が尽きない。巻末には「宇佐海軍航空隊年表」も付されていて重宝である。

## 二六　押尾一彦著『特別攻撃隊の記録〈海軍編〉』

海軍特別攻撃隊の全貌を、詳細なデータと写真で明らかにした資料価値の高い一冊が出版された。著者の押尾氏は一九五三年生まれ。航空史研究家として、現在は太平洋戦争、陸海軍航空史をテーマに調査、研究、執筆にあたっている。「日本陸海軍航空英雄列伝」「海軍航空教範」「日本鹵《ろ》獲《かく》機秘録」をすでに光人社から刊行しているが、いずれも高い評価を得ているというすぐれものだ。

本書は以下に掲げる六章から構成されている。第一章フィリピン方面、第二章サイパン、硫黄島方面、第三章ウルシー、本土近海方面、第四章台湾からの神風特別攻撃隊、第五章沖縄方面、第六章本土方面、その他――である。

第一航空艦隊司令長官大西瀧治郎の創案によって昭和十九年十月十九日、第二〇一空副長玉井浅一中佐のもと編成されたのが第一神風特攻隊で、敷島隊、大和隊、朝日隊、山桜隊の各隊があった。海軍最初の体当たり攻撃隊であり、指揮官には戦闘三〇一飛行隊分隊長の関行男大尉が選任された。隊員は同航空隊所属の戦闘機搭乗員二十四名が志願し指名をうけた。その主力は甲飛十期生である。

フィリピン東方海上のアメリカ機動部隊に対し、爆装戦闘機、つまり二五〇キロ爆弾を搭載した零戦とともに一機一艦を屠る体当たり攻撃でその目的を果たそうとしたのである。そうして二十日、この神風特攻隊員はマバラカット飛行場近くのバンバン川河原に設けられた指揮所で、大西中将の訓示をうけた後、訣別の水盃をかわして必中を期すのである。

翌二十一日、攻撃隊は、敵機動部隊を求め、敷島隊がマバラカット東飛行場から、朝日隊、山桜隊がマバラカット西飛行場から、そして大和隊がセブ基地からそれぞれ初出撃するのだ。だがしかし、悪天候のため敵機動部隊を発見することができず、むなしく帰投することになる。

ただし、出撃した大和隊三機のうち、指揮官久納好孚中尉機のみがそのまま単機でレイテ湾に進攻して敵艦船群に突入した。戦果は不明だが、特攻戦死第一号となったのであった。その後も二十二日に山桜隊、二十三日には大和隊が出撃し、大和隊の佐藤馨上飛曹機が単機進攻して未帰還となった。

そうして二十五日となる。セブ基地を発進した大和隊、彗星隊、ダバオ基地を発進した朝日隊、山桜隊、菊水隊はそれぞれ突入し散華する。一〇四〇、敷島隊の五人はレイテ島のタクロバン東方洋上に敵機動部隊を発見するとただちに突入を開始する。関は護衛空母カリーニン・ベイに、二番機谷暢夫一飛曹も同艦に命中し轟沈させた。さらに護衛空母セント・ローにも一機、同ホワイト・プレーンズにも一機が命中したのだ。

この間、直掩戦闘機隊は上空直掩中にグラマンF6F戦闘機と空戦を交え二機を撃墜し、先の特攻機の戦果確認の後、セブ基地で中島飛行長に戦果を報告をする。ちなみに直掩隊の指揮官は撃墜王西沢広義飛曹長である。二十八日、豊田副武連合艦隊司令長官はこの壮挙に対して全軍布告、隊員は二階級特進の栄誉をうけることになる。巻末には「神風特別攻撃隊出撃一覧表」という克明な記録が収録されている。また関連の写真も多数掲載されている。本書の〈陸軍編〉の刊行が待ち望まれる。（二〇〇五年四月号）

# 二七　青山淳平著『「坂の上の雲」と潮風の系譜』
## ―司馬遼太郎が敬愛した日本人―

### 1

「坂の上の雲」は司馬遼太郎氏の代表作の一つだが、この壮大な叙事詩は四年三ヵ月余りにわたって産経新聞紙上をにぎわした。連載終了から三十年という月日が経っても、今なお多くの日本人に読みつがれている国民的文学である。

その「坂の上の雲」執筆の源流と舞台裏を描いた異色の作品が本書である。もう一つの「坂の上の雲」といえるだろう。執筆意図を、青山氏は次のように書く。

「明治という潮風がかぐわしく匂う時代に、日本海軍文明のなかではぐくまれ、蒸留された美質をうけつぐ日本人の系譜を、正木生虎という人物をとおしてたどってみたいと思った」

ここに出てくる正木生虎は、司馬の家庭教師の役割をになったのだが、海軍のことについて「実感も基礎的な知識もなかった」司馬は、正木に「身勝手にも幼児のような質問をし、そのつど学問的なすばらしいお答えを頂戴した」と記している。

「正木生虎氏は」と司馬は書き、こう続ける。「日露戦争当時、中尉として従軍した海軍中将を父君に持ち、ご自身も兵学校を出て海軍に入られた。白皙長身の人で、物静かでいながらユーモアの感覚するどい人だった」

正木と司馬の関係が偲ばれる一文だ。正木が執筆当時の司馬に書き送った手紙は、本にすれば優に三冊分になったというが、ふたりの交流は連載が終わってもずっと続いたのである。

「自分は正木氏のような紳士をかつて見たことがない。氏を知るにおよんではじめて日本海軍を理解し得た思いがする」と友人たちに語っていたというが、作家であり、思想家、文明批評家とも称された司馬は、これほどまでに敬愛の念を抱いたのである。正木は軍人としては華々しい戦歴は何もなく、戦後も一市井人としてつつましく生きてきた。青山氏はこのあたりの事情をこう記す。

「ところが司馬はそうした正木のなかに『いつもスマートであれ』という旧海軍の訓えそのままに『公』に生きた日本人の美質を見ていたに違いなかった」

そのような正木生虎をはぐくんだ正木家について司馬は、「ブルーの潮風が吹き通る海の系譜」と形容しているのである。本書の標題の一部にもなっているフレーズだ。

## 2

本書は全五章から成っているが、冒頭は正木の父・義太の海軍での描写から始まっている。——周防灘にのぞむ徳山湾は、湖のような水面に潮風がわたる。呉鎮守府にちかく、いつもおだやかなこの入海は帝国海軍の陣容がととのうにつれ、しばしば連合艦隊の錨地としてつかわれた。

大正七年七月十二日、戦技演習のため十数隻の艦艇をしたがえて碇泊していた戦艦「河内」が、とつぜん爆沈したのは、この徳山湾である。乗員一千五十九名中、六百二十一名の将兵が死亡するという海軍史上最大の惨事となった。——

この艦と運命をともにしようとしながら部下に殉職をはばまれ、生き残ってしまったのが艦長だった正木の父親なのである。この劇的な状況から本書は幕を開ける。この正木義太は、日露戦争のときの旅順港口閉塞作戦に、指揮官として二度従事した戦歴を持っている。この旅順港口閉塞時には「杉野はいずこ！」と部下をさがし求めて砲弾がとびかう夜の海へ消え去った広瀬武夫少佐の事績はよく語り伝えられているが、義太もその忠勇無比な奮闘ぶりが、将校の龜鑑として海軍内ではつとに知られていたという。

とまれ流麗な筆致で青山氏は、本書でみごとに読者を誘っていく。青山氏のプロフィールをここで記したい。一九四九年、山口県下関市に生まれる。松山大学大学院修了。国家と個人のあり方をみつめた著書が数多くある。大田中将の遺児アキコの歳月を描いた「海にかける虹」、戦艦「陸奥」引き上げをテーマにした「海のかなた」等々である。

ところで青山氏は、本書のあとがきにこう書いている。

「本書において私は、明治、大正、昭和というそれぞれの時代に真摯に向き合い、『公』に誠実に生きた義太、生虎、亮とつらなる正木家の人たちの人生を描いてきた。いまこうしてふりかえると司馬遼太郎氏が記しているように、正木生虎に体現された『人格』は、平成の時代には絶えてしまった感がしてならない」

青山氏は、近代的な自我をたしかに持ったこれら三人の人生が織りなす心的情景を鮮やかに紡ぎ出したのである。

平成二年三月五日、正木生虎氏は八十七年の生涯を終えるのだが、訃音に接した司馬はつぎの弔電を送っている。

「……正木さんのお人柄をのぞいて、わたくしのなかの海軍は成り立ちません……」

正木家の人々と司馬の交流を軸に、日露戦争の展開をも描いた興味尽きない良質の人間物語だ。

## 二八　北影雄幸著『これだけは読んでおきたい特攻の本』

十死零生の「カミカゼ」の真実——と帯の惹句にあるように、特別攻撃隊員の遺書、遺稿、著作をダイジェストで紹介したユニークな著書が上梓された。著者の北影氏は東京生まれで、昭和四十六年に早稲田大学を卒業。若き頃より短歌の道を志し、日本語の美しさを学んできた。平成年代に入り「男の生きざま」をテーマに武士道と軍人精神の究明に傾倒し、関連書籍の出版を重ねてきた。光人社からも既に五作が出版されていて、最近作は『「坂の上の雲」の正しい読み方』で、その切り口の面白さが話題を呼んだ。

ここで特攻についてのデータを記しておきたい。特攻攻撃日数一〇ヵ月、総出撃機数三四六一機、うち海軍二三六七機、陸軍一〇九四機、特攻戦死者総数四三七九人、うち海軍二五三五人、陸軍一八四四人、与えた損害・艦船沈没二六隻以上、損傷三六八隻以上、戦死者一二二八一人、負傷者四八二四人、まさに世界戦争史に刻印された一大モニュメントといえるだろう。

本書は全八章で構成されている。ここで掲げておこう。

序章／外国人から見た特攻、第一章／特別攻撃隊員の遺書、第二章／特攻とは何だったのか、第三章／神風特別攻撃隊、第四章／陸軍特別攻撃隊、第五章／回天特別攻撃隊、第六章／海上特別攻撃隊、第七章／特殊特攻作戦部隊で、本書に収録された本は三十九点を数えるが、数多く出版されている特攻関係の書籍の中から北影氏が厳選して紹介、分析を加えたものである。北影氏は言う。

「特攻隊の遺書、遺稿が読む者の胸を激しく打つのは、死に逝く者が生き残る者に書き残した魂の叫びがあるからである。その叫びは残された者に、生きることの尊さを何よりも強く訴えている。特攻隊員のほとんどが十八、九歳から二十代の前半である」

そうして北影氏は、その後をこうつなげる。

「本来ならば、夢と希望に満ちた未来を思い描き、青春を思う存分に謳歌する年ごろである。しかし、彼らは時代の要請に応え、私情を断ち切って飛行服に身を固め、泣きごとも恨みごとも言わず、残された人々の平穏をひたすらに願い、敵の蹂躙から祖国を護るために、圧倒的な防衛体制を敷く敵機動部隊に突入していったのである」

その無私の精神、無償の行為は、世界史的に見ても特筆されるべきものであり、そのような高貴な精神、高尚な行為を持ち得たことは誇りに思ってよいだろう。その尊い犠牲のうえに現在の平和があることを忘れてはならないであろうし、この悲痛な歴史的事実を風化させてはならないのである。そのためにも本書の存在意義は大きい。

「神風」の著者ベルナール・ミローは、特攻隊員についてこう感想を述べている。

「ほんのひとにぎりの狂躁的人間なら、世界のどの国にだってかならず存在する。彼ら日本の特攻隊員たちはまったくその反対で、冷静で、正常な意識を持ち、意欲的で、かつ明晰な人柄の人間だったのである」

特攻隊員を狂気の所産と見る人々がいる。確かに特攻自体は、戦争自体がそうであるのと同じく狂気の所産であったろう。

しかし、特攻隊員に関しては狂気の所産どころか、もっとも屹立した正気の所産だったのだ。平和の尊さと生命の重さを実感できる異色作だ。(二〇〇五年十二月号)

# 二九　森史朗著『暁の珊瑚海』

## 1

綿密周到な取材と内外の膨大な第一次史料をもとに、戦争の真実を伝え続けてきた戦記文学の第一人者が書き下ろした大作が刊行された。「暁の珊瑚海」と題された作品がそれである。本書は「零戦の誕生」「運命の夜明け」「攻防」に続く森史朗戦記シリーズの第四作目となるが、史上初めての空母対空母決戦「珊瑚海海戦」五日間の攻防を描いた一大叙事詩である。この日米の「世紀の海空戦」は、これまで出版された戦記書籍にも記述されてはいるが、一冊本として刊行されたものは皆無といってよいだろう。それだけに実に微に入り細にわたって、この戦いの全貌が明らかにされていく。

著者の森史朗氏は一九四一年生まれ。一九六五年に文藝春秋に入社。「別冊文藝春秋」「オール讀物」、月刊「文藝春秋」各編集長を歴任し、一九九七年には第一編集局長となり、のち取締役編集担当となる。二〇〇二年に退社、執筆活動に専念することになるのだが、精力的に重厚なノンフィクション作品を発表している。一九八六年に光人社から出版された「敷島隊の五人」はロングセラーを続け、柳田邦男氏も激賞する密度の高い最高傑作である。海軍大尉関行男を主軸に、神風特攻の先駆けとなった若者たちを描いた感動的な作品であった。

ところで本書の序章では、本海戦の指揮統率をとった井上成美の人となりを紹介している。井上は軍務局長時代、米内光政海相、山本五十六海軍次官と共に「左派トリオ」と呼ばれ、日独伊三国同盟に反対し、日米戦争回避を主張したことで知られている。また海軍兵学校校長としての異才ぶりもよく語られている。その井上が第四艦隊司令長官として実戦の采配をふるった最初にして最後の戦いが「MO作戦」(ポートモレスビー攻略作戦)なのである。

先にも触れたが、珊瑚海海戦は簡略な記述で片づけられる場合が多い。それは一ヵ月後の一九四二年六月に起こったミッドウェー海戦に起因している。この海戦で日本軍は大敗を喫し、そのためこれは太平洋戦争の転回点と位置づけられたからだ。珊瑚海海戦はその前哨戦ともいうべき戦いに過ぎないということなのであった。

だがしかし、珊瑚海海戦は海軍史上はじめての航空母艦同士の戦いであるだけではなく、太平洋戦争の行方を暗示するという点からも特筆されるべき重要な戦闘なのである。

## 2

航空機による新たな海戦方式が生み出されたこの時期の空母艦長には、飛行科出身者がきわめて少ないという。たとえば瑞鶴、翔鶴の艦長は共に砲術科出身である。従来型の戦いであれば当然、彼らは戦艦の艦橋にあって洋上はるかに敵艦隊を捉え、その指揮のもとで大砲戦をまじえるところであったのだ。かつての日本海海戦に象徴されるような大海戦の情景――殷々と轟く大砲のひびき、たちこめる硝煙の匂い――はもはや過去のものとなったのである。

いまや戦いの主役は、飛行甲板を飛び立って行く二十代の若者たちなのだ。艦長たちが砲術学校で学んだ知識も経験も、そして鍛え抜かれた身体も苛酷な訓練も、それらすべてはこの戦いを境に無用の長物となり下がったのである。そうして戦いが珊瑚海でくりひろげられることになる。

「珊瑚海海戦は」と英戦史家リデル・ハート卿は書きはじめ、こう続ける。「彼我の艦隊が互いに相手の姿を見ることなく、戦艦の場合の約二〇マイルが限度の間隔を一〇〇マイルないしそれ以上にひろげて闘われた史上初めての海戦であった」と。まさに五月八日未明、空母対空母の新しい戦いは、日米両軍がたがいの相手を求めて索敵機を放つことで始まった。

午前八時二十五分、艦内のスピーカーが「攻撃の準備をなせ」と命令を伝えた。飛行甲板に所狭しと並べられた艦船、艦爆、艦攻各機それぞれがすぐ発進できるようにという指示である。それからわずか五分後、二〇〇度線を索敵に向かっていた管野兼蔵飛曹長機から緊急信が入った。

「敵航空部隊見ユ」

母艦を飛び立って二時間五分後、高橋少佐は二隻の米空母を発見する。随所で苛烈な空戦が展開されていく。金沢飛曹長の二番機の最期はこうだ。「風防をあけて、偵察席の樋渡二飛曹がせきこみながら、蒼白な表情で立ち上がるのがみえた。白いマフラーが風にあおられる。後部座席の二人が、小隊長に顔をむけて手を振った。電信員の谷一飛はまだ十九歳、前部操縦席の盛満工一飛は二十二歳という若さである」

戦いの常とはいえ、こうした悲劇が次々と生まれていく——。だが果敢に戦いに臨んだ若者たちの存在は誇りに足るものであろう。

## 三〇　鈴木勘次著『特攻からの生還』

### —知られざる特攻隊員の記録—

稀有といってもよい特攻隊員秘話が上梓された。ペアとともに敵空母に体当たり攻撃を敢行した海軍陸上爆撃機「銀河」の機長が、痛切な思いをこめて書き綴ったものが本書なのである。「十死零生」の特攻隊員が九死に一生を得て生き残った。その鈴木氏は、このように書き記す。

「生き恥をさらして、ボロ切れのように消滅した私が、祖国に帰ってきた。だが、私には、いやしくも皇国の土を踏む資格があるのだろうか」

同乗の二人は死に、自分には死を与えられなかった。病院と収容所ぐらしという長い長い幽閉生活であった。「卑屈な残骸のような」一年九ヵ月に及ぶ日々に、ようやく鈴木氏は別れを告げ、故国日本に帰る日が来たのである。

しかし帰国した日本は、鈴木氏の考えていたものとは全く違っていた。確かに国土は残ったが、そこは焼け跡と化し、餓死者があふれ、強盗が徘徊し、進駐軍が支配する思考を越えた日本が現出していた。自分自身に失望し、時の流れの無情さを感じながら、鈴木氏は横須賀の駅頭に立つ。そうして三重県藤原山麓の疎開先に向かうのだ。

「そこには香しい自然があった。員弁川の川面にうつる米軍服姿の自分に、一瞬、戸惑いを感じた。哀れな父の顔。幽霊ではないかと私を見て呆然としている母。言葉も忘れて涙のまますがりつく。やがて自ら仏壇の遺骨箱の中から『霊』と書かれた一枚の紙を捨て、自分の墓標を抜く」

著者の鈴木氏の経歴を記しておきたい。大正十四年、愛知県名古屋市の中心部で古くから綿布業を営む鈴木家の次男として生まれる。昭和十八年、旧制中学五年生のとき、憂国の念禁じ難く、大空に憧れて三重海軍航空隊へ、第十二期甲種予科練習生として入隊する。その後卒業と同時に上海海軍航空隊偵察隊に入隊し、昭和二十年、鹿児島県出水基地へ移動して海軍特別攻撃隊の一員に選ばれた。沖縄周辺の米機動部隊の航空母艦に突入するものの、奇蹟的に生還を果たす。

「これは、その一生を終えるまで」と記し、鈴木氏はこう続ける。「勇猛果敢な闘志、人間愛にあふれた吉川、田中の両君と、機長としては余りに微力で、なんのなすこともなく不覚にも生きて帰った私の攻撃物語である」と。そうしてこうも書く。「火焔の中に消えた吉川、田中両君は永遠に帰らない。痛恨哀惜の情、いまだに禁じ得ない」

特攻隊員となった若者たちは、出撃するまでの日々をどのような思いで過ごしたのであろうか。「あと幾日」と自ら死を限定された隊員たちの真情、そしてその一挙一動を、「特攻死」の体験者である鈴木氏が、自らの思いを重ね合わせて克明に書き綴った。あの戦友も逝き、この友も散っていった。特攻に殉じたこれら仲間たちの肖像がくっきりと浮かびあがってくる。

「長い間、捜し求めた敵艦にやっとたどり着いた。高度ゼロメートル。空間感覚のうすれた右目で、ぼやけた白波を見下ろしながら、機はすべっていく。確かに右前方に、色のついた雨のような弾幕の中に大きな影を見た。やっと目的をとらえた。苦しい行程であった」

そうしてその後、鈴木氏は死んでいない自分に遭遇することになる。「特攻の心理」を、いろいろな観点から伝えたいという鈴木氏の切実さが伝わってくる。（二〇〇六年二月号）

## 三一　篠原昌人著『戦場の人間学』
## ―旅団長に見る失敗と成功の研究―

### 1

日露戦争で武勲をあげた将軍は枚挙にいとまがない。それはそうだろう。大ロシアに勝利を納めることができたのだから。今回、篠原氏は三人の旅団長の戦いぶりを分析考量して指揮統率の要諦を探ろうと試みた。その三人とは、全陸軍の期待を一身に浴びて戦場に赴いた「日本一の戦術家」東条英教、戦争前は上司が常々その無能ぶりを責めていた「無天組」の梅沢道治、軍隊内でまったく無名だった岡崎生三――である。

この三人の戦場での働きはどうだったかというと、はっきりと明暗が分かれるのだ。東条英教は開戦時の首相、東条英機の父であり、陸軍大学校第一期で、しかも首席卒業という逸材であった。長く参謀本部に勤務し、作戦用兵の仕事にたずさわった。したがって東条は満々たる自信をもって戦場に臨んだはずであった。だがしかし、東条はたった二度の実戦で、病気という理由で内地に戻されたのである。指揮不適格とみなされたのであろう。ちなみに東条の同期で二番だった山口圭蔵も更迭された。つまり陸大の一番と二番は、日露の戦場では期待に反したのである。

　それに反して、前述の梅沢道治と岡崎生三は、抜群の働きをなし日露戦争の勝利に大いなる貢献をはたしたのだ。梅沢は先にも少し触れたが、近衛歩兵第四連隊長当時、師団長長谷川好道中将から検閲を受け、その練度を審査されたのだが、その講評は手きびしいものだった。日ごろから長谷川は、梅沢を「役に立たぬ老大佐として叱りとばし、嫌っていた」こともあったのか落第点をつけたのである。

　しかし梅沢の実際の戦闘はみごとなものであり、老兵集団は［梅花団］の尊称さえ贈られたほどであったのだ。長谷川は戦後、梅沢に手紙を書いた。

「平時の講評は、これを取り消す」と記し、自分の不明を詫びたという。

　なぜこういう結果になったのか。実戦で力を発揮するには何が必要なのか。またどうしたら成果をあげられるのか――を考えていくとき、指揮統率の根幹にあるものが見えてくるはずである。そこで篠原氏は三人の旅団長の実際の戦闘をたどることで、「できる男」「できない男」の采配を見、その真髄に迫ろうとしたのである。

## 2

「旅団長は」と篠原氏は書き出し、こう続ける。「独断を為すべき最高司令官である」と。

独断とは、方針を理解したうえで、命令にないことでも自分の頭で考えて行動することなのだ。

ところで旅団という部隊には、ひとつの特徴があると篠原氏は言う。それは実戦部隊の最大単位であり、専門職としての参謀がいないということなのである。それでは参謀はどこにいるのか。上級機関である軍や師団にいるのである。したがって旅団長の責任は重い。みずから作戦の意味を理解し、自分の判断で兵を動かさなければならないからだ。本当の意味の指揮官であり、だから軍人としての力量がはっきり示されることになる。「この意味で梅沢旅団長と東条旅団長は、際立った違いをみせたのだった」（篠原氏）

日露戦争のころはナポレオン以後の近代兵学がピークを迎えていたときなのだが、全国各地から徴募された若者たちは、国軍の兵士として鍛えられ演練に明け暮れた。陸軍大学校も毎年、何名かの卒業生を生み出す。したがって将兵は、一定のレベルに達しているはずなのだ。そうであるのに指揮官に差が出るのはどうしたことなのか。何が原因なのか。いうまでもなく、個人の性格に起因することは論をまたない。「明治陸軍の父」といわれたプロイセンのモルトケはこう言う。

「用兵にあたっては何を為すかではなく、いかに為すかが重要である」と。換言すれば「強固な決心と簡単明瞭な着想を粘り強く遂行することがもっとも確実に目標に到達する道である」と。具体的に東条旅団で見るなら、分水嶺攻撃に際して偵察を怠ったことは「為さざること」の例であり、攻撃二日目に現状維持策をとったことは、「目標を粘り強く遂行できなかった」ことになるわけである。

モルトケはまた、こうも言うのだ。

「戦時には優秀な頭脳ではなく、卓越した性格がより重きをなす」と。篠原氏の次の譬えは興味深い。「医学でたとえるなら、梅沢と岡崎は臨床医で、東条は研究医であった。平時には双方とも必要だが、戦場では臨床医にならなければならない」と。

いかなる困難に遭遇しても、決して屈しない心があるかどうかが戦場では試されることになる。現代に生きる人たちにとっても、本書から学ぶことは多いことであろう。異色の人間考察だ。

## 三二　杉山徹宗著『なぜ中国は平気で嘘をつくのか』

沖の鳥島、尖閣諸島問題、東シナ海ガス田等々、強圧的ともいえる反日愛国政策を繰り広げる中国の真の狙いは何なのか——というのが、著者の杉山氏が他の研究者と共同執筆して先に上梓した「危ない中国」（光人社刊）であった。

脅威を増大しつつ偲び寄る中国の覇権に、日本はどう対応すればよいのか——の鍵が今回の本書の中に提示されている。その前にまず日本人が知っておかなければならないのは、世界民族の資質だと杉山氏は強調する。

「とりわけ、日本人を敵視している中国人の民族的資質を、深く理解しておかないと、いずれは丸裸にされ、かつて周辺異民族を『朝貢』によって支配していた中国に、物乞いに行かなければならなくなるであろう」

杉山氏は明海大学で教鞭をとっているのだが、中国からの留学生や客員教授として招聘されてくる学者との間で、日中戦争に話がおよぶと、彼らは徹底して日本軍の残虐行為と中国人の被害状況をくわしく説明するという。それは南京大虐殺であり、百人斬りであり、石井細菌部隊の所業なのである。杉山氏は言う。

「南京虐殺に関し、筆者が証拠をあげて論理的に説明し、あの事件は中国側の捏造であり歪曲であると説明すると、彼らは猛反発をする」

「目つき顔つきまで憎悪でゆがめて」反論の余地をあたえないほど饒舌になり、まったく聞く耳をもたないのだという。それだけではなく、授業をボイコットしたり、インターネットで批判するだけでは足りず、大学の学長、理事長等々に批判文の投函さえ行なうのである。

「あの教授は嘘を教え、日中友好関係を破壊する危険な人物で軍国主義者であるから、即刻、大学は首にすべきである」といった内容だ。「言論の自由」などどこへといったていたらくなのだ。

米外交官ラルフ・タウンゼントによれば、——日本人は名誉を重んじ、決して嘘をつかない。だがこれに対し中国人は基本的に品格と道徳観念がなく、嘘つき呼ばわりされても侮辱だとは思わない。相手の弱みに付け込むのが当然と考え、恥というものがない。いかに中国人が殺伐とした気質を持ち、国際秩序を平然とおかす民族かが、理解できるだろう——と。

中華帝国の皇帝権力は、宇宙唯一と自覚するほど強大な支配力をもっていたのであるが、そのため王朝がかわるたびに三千万人もの人民が殺戮の憂き目に遭うという歴史があるのだ。杉山氏は言う。

「中国の独裁的皇帝制度は最後の『清朝』で消滅したのではなく、共産党政権にうけつがれており、現在では政権維持のために隣国の日本を敵視して、日本を亡国または完全な属国化するべく、強引かつ傍若無人な政策を臆面もなくつぎつぎと出してきている」

まさに恐ろしい事態に直面しているといわなければならない。本書によって、中国人という民族がいかに他の民族とちがう資質を持っているかということを理解することによって、中国から良いように金や技術をむしりとられないように、対抗策を講じることが日本には大事なことになってくるのである。隣人との友好的な平和関係が保たれることは望ましいことには違いないが、しかし相手を知らずして日本の感覚で関係を続けていても、待っているのは亡国とは戦慄的だ。(二〇〇六年十一月号)

## 三三　新野哲也著『日本は勝てる戦争になぜ負けたのか』

### 1

「日本兵は世界一強かった」とは、歴史家で、太平洋戦争中、ガダルカナルで日本軍と戦ったロバート・レッキーの言葉だが、彼はその後に続けてこう言っている。「われわれが勝利することができたのは幸運だっただけだ。日本の戦争指導者は、世界一愚かだった。われわれが勝つことができたのは、当然だった」と。つまり戦争の指導者が愚かだったから、日本は戦争に負けた、といっているのだ。

これまで教えられ流布されてきたのは、物量差で日本は負けたということだった。それのみならず「勝てる見込みのない、ばかな戦争をした」とも言われてきた。それは事実なのか。たとえばノモンハンの戦いはどうだったのか。

辻政信参謀は、三八銃と火炎瓶だけでハルハ川越えの突撃を命じている。対岸には千台をこえるソ連の戦車部隊が待ち構えているのだ。ハルハ川に架けた、小舟を繋いだだけの浮き橋を日本の戦車は渡ることはできない。また戦車砲の援護もないのに突撃をくり返すのだから、日本軍は全滅してしまうことになる。

従来の歴史は「ソ連軍の機甲部隊の前に、日本の歩兵が惨敗した」というものであった。だがしかしソ連崩壊後、ロシア公文書館の資料が公開された。それによると、ソ連軍の戦死者は日本軍以上で、航空機・戦車の損害は、日本の数倍、数十倍におよび、しかも公文書には「ソ連軍の敗戦」と記されていたのである。レッキーの言う公式がここに象徴的にあらわれているといえるだろう。これはノモンハンに限らないのだ。先の大戦のあらゆる戦局に、この「公式」が露呈して日本軍は敗退に敗退を重ねたのだ。
「戦争に負けたのは」と新野氏は書き、こう続ける。「事実である。だが、その負けは指導者の愚かさと、〈利敵行為〉による自滅で、戦力や兵力、兵士の気分が劣っていたからではなかった」

したがって、そうした事情をのみこんでおかなければ、「複雑で壮大だったあの戦争を、勝つ見込みのない、ばかな戦争」を戦ったというレベルで事足れりとしてしまうのである。それが自国に誇りを持てないという大きな問題を生むことになっているのだ。

## 2

日本が戦争に勝つためには、つぎの三つの鉄則をまもってさえいればよかった——と新野氏は指摘する。①支那戦線に深入りせず、満州をまもる②南アジア解放後、インド洋を制圧する③日本領の南の島を要塞化する——だが、このことは陸・海を問わず、当時軍部の良識派のだれもが持っていた共通認識だったのだ。つまり、この線を越えると、日本は英米をはじめ、世界の大半を敵に回さなければならなくなるからである。だがしかし、実際には三つの鉄則とは正反対に舵がとられたのである。もっとも益のない危険きわまりない道を突き進んだのは、「近衛・米内・東条内閣と陸軍統制派・海軍英米派」なのだ。

具体的にいうと、かれらはスターリンが望んだように支那戦線を拡大させ、チャーチルが望んだようにインド洋制圧という急所を外し、ルーズベルトが望んだように海軍を日付変更線の東へ、赤道の南へ送りこんで日本領の南洋諸島をふくめた〈本土防衛〉を考慮しなかったのである。その結果どうなったかというと、日支戦線では両軍ともに消耗戦に陥り、ガラ空きのインド洋ではイギリス軍が息を吹き返し、陸軍の南方軍はビルマで、連合艦隊は南太平洋で壊滅することになったのだ。

悪いことに、新野氏によればこの三つの誤りにくわえて「敗戦革命」という「悪い影」が見え隠れしているという。つまり日本を敗戦へ導こうとする輩が存在していたというのだから驚きだ。

ここで「第二次大戦は汚い謀略戦だった」の章を見ていこう。ここにはスターリン、ルーズベルト、チャーチルのそれぞれの権謀術数が語られていく。先の大戦は「スターリンの戦争」だったといわれるが、それはアメリカもイギリスも蒋介石も日本もスターリンの謀略に踊らされていたからである。

彼はホワイトハウスと国務省に一二七名のスパイを送り込み、ハルノートを通して、日本に真珠湾を攻撃させるという離れ業をやってのけたのだという。悪玉のスターリンは愚者のルーズベルトを手玉にとった。ルーズベルトは日米戦争に関係のないソ連に対日参戦をもとめる一方、蔣介石はそそのかされて日本に敵対政策をとりつづけた。

敗戦によって真の敗因、真の戦犯は、深い闇の中に葬り去られてしまった。軍国主義好みの武勇伝でもなければ、東京裁判史観に準拠した物語でもない全く新しい視座の戦争文化史が本書である。日本が戦争に負けた理由がここに明らかにされた。

## 三四　「丸」編集部編『究極の戦艦　大和』

世界最強最大の超戦艦「大和」——全長二六三メートル、全幅三八・九メートル、基準排水量六五〇〇〇トン、満載排水量七二八〇八トン、速力二七ノット、四六センチ主砲九門、乗員三三〇〇名。日本人の頭脳と叡智と造艦技術のすべてを結集して完成したこの超弩級戦艦YAMATOのメカニズムを徹底解剖した完全保存版が発売された。マニア垂涎の一冊にとどまらず、多くの人にさまざまな感動を呼び起こさせるであろう。

実は本書は、「丸」の十二月別冊として平成十七年に「究極の戦艦大和・武蔵の真実」と題されて発売されたものだが、今回その増補改訂版として刊行されたものである。それでは本書の中味を見ていきたい。まず巻頭にカラーページ四八頁が配されているが、その内容はというと、その大部は「大和ミュージアム」1／10戦艦大和の詳細――で占められている。艦首／前部主砲塔／艦橋、対空兵器／後部構造物、索敵兵装／後部主砲塔／艦尾――に区別されていて、ディテールがよく判る写真とともに適切な解説がほどこされている。ほかに大和ミュージアム見どころガイド、てつのくじら館、YAMATOの故郷・呉、KUREに集う海自艦艇、「江田島魂」を受け継ぐ者たち（海上自衛隊第一術科学校／幹部候補生学校）が収載されている。

全一六二頁から成る本書だが、一一四頁がモノクロセクションということになる。その内容を書いておこう。1／10「大和」見学の手引き・艦首から艦尾まで何でもわかる55章、超戦艦「大和」主砲兵装極秘資料、異色ミステリー劇画／ヤマトの亡霊、図で見る戦艦「大和・武蔵」変遷史、大和型戦艦Q＆A99、最後のバトルシップ／条約開け新戦艦スタイル集、米軍が撮影した「レイテ沖海戦」写真集、史上最大の海空戦「捷号作戦」の11日間――である。

このなかの「極秘資料」は、呉海軍工廠に長く勤め艦船砲の設計製図にたずさわってきた技術者・大谷豊吉氏が、終戦後に行なわれた英米海軍技術調査団の質問に答えるために調べあげたものである。この貴重な資料が残されたことによって「大和」砲熕兵装の秘密が明らかになったのである。また劇画は桑田次郎氏の手になるものだ。収載写真も在りし日の「大和」の魅力を、さまざまな角度から的確に伝えてくれる。

ところで「大和」の沈没後六〇年、いまやこの艦は一つのムーブメントの中にある。大和ミュージアムが開館されたのが平成十七年四月二十三日、入場者は三〇〇万人を超えたという。映画「男たちの大和」をはじめ「大和」関連の記事を特集した雑誌や書籍の刊行も相次いだ。「大和」が日本人の中から消え去っていないどころか、いまなお日本人の心を捉えてはなさない証左といえるだろう。

ともあれ「大和」は、太平洋開戦直後に就役し、連合艦隊旗艦をつとめたのだが、大戦末期、沖縄特攻「天一号作戦」でその最期を迎えることになる。昭和二十年四月六日午後三時二十分、徳山沖を出撃した「大和」以下一〇隻の艦隊は一路、沖縄をめざす。しかし翌七日午前八時四十分に米軍の触接を受け、十二時四十分の第一波攻撃以後、約二時間の激闘ののちに午後二時二十三分没した。B5判ハードカバー、コート紙使用の愛蔵美麗本だ。(二〇〇七年九月号)

## 三五　山本峯章+村上正邦+佐藤優著『「情」の国家論』

### 1

未曽有の太平洋戦争の敗北という試練を経てきた日本という国は、日本人は、いまどこに向かって進もうとしているのであろうか。マッカーサーの占領政策によって日本は日本的な良き美風・美質さえも放擲し、ただひたすらアメリカに追随し属国と化している。歴史の浅いアメリカの事情をも顧みず、すべてを肯定し、日本の文化・伝統を軽視してきた日本の未来を考えるとき、慄然たる思いにとらわれる。昨今の社会情況を見ても、もっと悪化しない前に抜本的対策が必要となろう。

三人の論客が日本再生のために緊急提言を行なっているのが本書である。政治評論家の山本峯章氏を主軸に、政治家の村上正邦氏、作家の佐藤優氏が日本の国の将来を案じているのである。日本はなぜ、情けないおかしな国になったのか——という憂国の思いがその根底にあるのだ。

モノ・カネ一辺倒の政治から志とロマンのある政治へ—日本の保守主義の源流を辿り、日本の文化や歴史、日本人の心に根ざした国家のかたちを提示し、マンネリ化している保守論陣に新しい風を送り込む窮極の処方箋—というのが本書のコンセプトである。タイトルがまさに内容を象徴的に表現している。

衆議院議員の平沼赳夫氏は『「情」の国家論』に推薦の辞を寄せている。山本氏らの目ざしているものと平沼氏らの「まっとうな日本を創ろう」という呼びかけと相通じるものがあるからだという。平沼氏の辞を、次に要約する。

——よりよい国家をつくるために、改革が必要なのはいうまでもないが、これまで日本がやってきた改革は、国家の安全と繁栄、国民に安心とやすらぎをもたらす改善ではなく、改革のための改革だった。その象徴が小泉政権下の郵政民営化で、それが保守政治の根幹までをつき崩した。

現在の改革ブームは外圧によるもので、国益にもとづいたものではない。むしろアメリカの国策にそったものなのである。いま日本に求められているのは、日本人が、じぶんたちの手で、生命と財産、安全と平和をまもるという現実的な視点なのだ。それには歴史や伝統、文化に根ざした価値観と、新たな時代に対応できる知恵の両軸をそなえた奇をてらわない、堂々とした政治がもとめられる。——

『「情」の国家論は』と書き出し、平沼氏は更に続ける。

『国民には情を、国体には誇りを、国家には勇気をさしむける保守の精神が、余すところなく描かれており、興味深く、読ませていただいた。本書には、保守政治家が立つべき基礎が、明確にしるされている』と。

政治家が改革を競うムードの中で、日本の国力は衰え、格差はひろがり、人権擁護法のような危険な法案が次々と出てきた。『一般通念や良識や歴史の知恵を否定する改革主義では、日本から伝統的な価値観が失われかねない』と平沼氏は危惧しているのだ。そして平沼氏はこうも言う。『日本の保守政治が停滞しているのは、改革に目がくらんで、何を守り、何を改善すべきなのか、判断基準を見失ってしまったせいではないか』

『小沢一郎の深謀なる戦略』『役人よ驕るな』『天皇問題』の著作は、山本峯章氏が光人社から刊行したものだが、該博な知識と鋭い時代感覚から産み出されたこれらの論考は好評を博して版を重ねた。今回の書き下ろしは、山本氏が保守政治の復活を願って上梓したものだが、その思いは本書の随所に横溢している。ここで本書の全体像を覗いてみよう。

まず「はじめに・社稷《しゃしょく》国家と義理人情」で始まり、村上氏と山本氏の緊急対談「政治に『情』をとりもどせ」が続く。以降、第一章・国体を忘れた戦後日本の迷走、第二章・国体に根ざしている日本の保守主義、第三章・権力に利用された天皇の悲劇、第四章・ヨーロッパ文明と日本文化の衝突、第五章・国体をめぐる思想戦だった戦後政治、補章・「危機の構造」としての国体問題——と精力的な筆致は衰えない。そうして佐藤氏の緊急寄稿「情」の国家論・村上正邦先生と私——が最後を締め括るのである。

ところで本書の表題は、対談の中で、村上氏の口からでた『「情」の国家論』ということばをとったものだという。「言いえて妙、の感が深い」という山本氏は、冒頭でこのように述べるのだ。

——古代において、国家は土地神（社）と五穀の神（稷）を祭ることによって成立した。下から自然発生的にできあがった社稷国家である。こういう素朴な国家には、情という社会的な感性がみなぎっている。情の国家だ。——

ところが日本はいまや、国家の原点だった社稷の精神が失われる寸前まできている。政治や社会、家庭や人心から、情が喪失して世の中が冷え切ってしまっているのである。戦後、情の文化がすたれていったのは、個人主義が情や和の精神にとってかわって蔓延してきたからなのだという。個人主義の概念は神と悪魔、愛と情、正邪、善悪のように一方を否定する二分法だ。このとき抗争の論理が生まれ、情という共存共栄の心が失われていくことは明らかだ。

日本は多元論の国である。どちらが正しいかではなく、実情をふまえ、理に走らず、私心に溺れず、人間の心で判断する。それが情である。きっぱりと白黒をつけないのは愛や正義のような空理ではなく、人の心が働いている証拠なのである。日本では情が働かなくなっているから、人の心は冷え切っているのだ。

「社会にあたたかい血流をとりもどすには」と山本氏は書き、こう継ぐ。「空理の未来ではなく、過去の知恵が封じこまれている過去へむかわなければならない」と。味読傾聴すべき労作だ。

## 三六　高橋秀治著『第四航空軍の最後』
### ―司令部付主計兵のルソン戦記―

地獄と化したニューギニアの戦場から帰還を果たし、南京の中支那主計下士官候補者隊に入隊したのも束の間、高橋氏を待っていたのは、フィリピンのマニラへの移動だった。

高橋氏は前著『ニューギニア航空戦記』でも記したように、第二十二飛行場大隊の整備兵として米軍の猛爆撃の下、ラエ飛行場でその修復や整備に忙殺され、奮闘する過酷の日々を経験した。

ラエはかつてラバウル航空隊の精鋭たちがポートモレスビー攻撃の前線基地として蝟集した栄光の地であったのだが、いまやその面影はなく惨憺たる状況下に置かれていたのであった。そこへ豪軍が上陸して防衛をすることが困難になってきたので、ラエから転進することになったのだ。

昭和十九年六月二十日、高橋氏たちは屏東飛行場を飛び立つ。便乗機は九七式重爆である。「着いたぞ」と起こされて高橋氏が機首前方を見ると、すでにマニラ上空を高度を上げて旋回している。眼下にニコルス飛行場が見える。飛行場から軍用連絡バスに乗って［眞、第一五三〇〇部隊］の門を潜るのだ。この部隊名は通称名で、防諜などのため外部に出す文書名に使う。固有名は［第四航空軍司令部］である。

じつは高橋氏はこのときまでニューギニアへの原隊復帰を覚悟していたというが、人事係准尉が笑顔を見せてこういったのだ。「よく来てくれた。司令部はニューギニアから着いたばかりで、人員が足らず困っている。すぐに命令を出して経理部に転属してもらう」と。

高橋氏は言う。

「何と嬉しい思いがけない言葉であろうか。ニューギニアに行かなくてもよいのだ」

だがしかし、ルソン島でも高橋氏は辛酸を舐めることになるのである。第四航空軍解隊、そして山中彷徨、捕虜収容所での生活等々、その過酷な日常が本書に余すところなく記されているのだ。ところで第四航空軍というのは、どのような組織なのであろうか。四航軍は昭和十八年八月にラバウルで編成されたが、ニューギニア、フィリピンと後退を余儀なくされ、その挙句には特攻隊員を送り出した富永恭次軍司令官の台湾脱出ののち、昭和二十年二月十二日、解隊される憂き目となった。

ともあれ、日米戦の天王山ともいえるルソン戦線の幕が切って落とされた。陸軍航空決戦の主役としてフィリピン防衛のために再建された第四航空軍であったが、米軍の猛攻の前には抗することが難しく、遂には陸軍特別攻撃隊の出撃となるのだった。四航軍麾下の万朶隊、富嶽隊を皮切りにして米艦船への体当たり攻撃が始まったのだ。以来、フィリピン基地から発進した特攻隊員は千四百名に及ぶ。

司令部付だった高橋氏は、ルソン航空戦の情報も得易い部署にあったので、特攻隊員の様子や戦闘の実状、将官たちの人となりなどについても興味深いことを書き残している。たとえば高千穂空挺隊の情報も、早くからわかっていた。また空中勤務者が泊まる航空寮にも通勤が面倒で泊まりこんでいた高橋氏は、そこで特攻隊員の伍長が何の話もせず、暗い表情で沈みがちだったのを記憶している。下士官部屋は二段ベッドがある以外、調度品もない。高級将校の実態を、航空寮で知ってからは何も恐れなくなったともいう。戦争体験を伝える記録を遺して高橋氏は逝ったが、その努力を讃えたい。（二〇〇八年十二月号）

# 三七　雨倉孝之著『海軍護衛艦（コンボイ）物語』

## 1

日本海軍最大の失敗とは、海上護衛戦の軽視にあったといえるだろうが、本書はその海護戦、対潜戦の実際を徹底的に掘り下げている。これまでにも海護戦について書かれた書籍は幾つか出版されているが、なぜ日本海軍では海上交通保護が重視されなかったのか、またなぜそのための軍備、戦備に遅れをとってしまったのか、とりわけ人的な準備がなぜ軽視されのかなどについて書かれたものは少なく、その辺りを本書では実に詳細に解きあかしている。

著者の雨倉氏は海軍史研究の第一人者として知られている。そのプロフィールを見ておこう。昭和三年、東京に生まれ、昭和二十年四月、高等商船学校東京分校（機械科）に入校、あわせて海軍機関術予備練習生を命じられた。終戦にともない同年八月に退校し、同時に予備練習生も被免された。戦後、日本国有鉄道に勤務し、昭和五十九年に退職。東京理科大学理学部を卒業した技術屋出身なのだが、海軍史・海事史の研究に没頭してきた。現在は海軍制度史の研究に打ち込んでいる。「海軍ジョンベラ軍制物語」をはじめ、数多くの著作を刊行している。翻訳書もある。

その雨倉氏が満を持し、雑誌「丸」誌上に長期にわたって連載した「海軍コンボイ物語」に大幅に加筆補訂を行なって完成をみたのが本書なのである。ちなみに〈コンボイ〉とは護衛艦とか護送船団、護衛する、といったような意味合いを持つ。ただし本書では、そうした狭義のコンボイのあれこれはもちろんのことであるが、連合艦隊の直接護衛による「作戦輸送」船団についても書き記している。

ここで本物語の章立てを列記しておきたい。第一章・海護戦、対潜戦を学ぶ〈大正期・一次大戦〉、第二章・海上交通保護に目覚める〈昭和戦前期〉、第三章・海護戦始まる〈太平洋戦争Ⅰ〉、第四章・海護戦に苦戦す〈太平洋戦争Ⅱ〉、第五章・海護戦に破れる〈太平洋戦争Ⅲ〉の章に細かく内容ごとに小見出しが付されていて飽きさせない。表もふんだんに載せられていて理解がしやすいし、肩のこらない読物となっている。

## 2

先にも触れたように、この物語は第一次大戦の頃からスタートするのだが、その戦争は今や丸九〇年も過去の話なのだ。当然のことながら、その頃の戦争と日清・日露戦争の時代の帰趨とは違っており、単に武力だけではなく、資源力、工業力、経済力などにより大きく勝敗が分かれるように変わっていたのであった。

ということになれば、そうした基盤戦力を確保し、活用するための動力となる海上輸送のもつ意義というものは、とくに海洋国にとってきわめて大きいものがあった。ところが、それに対して重大な脅威をあたえるものが新たに出現したのである。それは潜水艦であった。この潜水艦は旧来の［海面上］の制海権とは直接的に深い関係を持ちえないものだったから、艦隊決戦に勝利さえすれば国防の任をまっとうできる、というような時代ではすでになくなっていたのである。

雨倉氏は一刀両断に海軍を斬り捨てる。「戦いの様相は変わったのだ。だが日本海軍は、どうやらこの変化に気づくのが遅れたようである」と指摘して、こう続けるのだ。「その欠陥が、太平洋戦争にもろに出た。長い戦いの歳月とともに、海上交通路がいちじるしく破壊されて、刀槍を振るチャンバラの足元が崩れ、さらには身体全体が痩せ細ってしまったのだ」

かつて日本海軍は第一次大戦に参戦し、遥か遠く地中海まで出向いていって海上護衛戦に従事するという貴重な経験を持っているのである。しかも海護戦の本質を学んだはずに違いないのだ。それなのに二十数年後、海軍は致命的な事態に追い込まれることになるのである。一体これはなぜなのか――という思いから、雨倉氏は一九一七年の昔にまでさかのぼってその経緯を調べ、原因、理由を探る旅に出たのであった。

それに加えて本書で雨倉氏は、次に掲げる項目についてもかなりのページをさくことを忘れなかったのだ。それはそれらが海上交通保護を考えるうえで重要な因子となっているからでもある。ここに列記する。対潜戦闘用兵器の開発、対潜護衛艦艇の整備、対潜戦闘法・対潜戦術の研究、海上護衛思想の変遷、対潜戦・海護戦に充当された要員の養成・活動の適否。

最後にシーレーン防衛戦惨敗の数字をあげる。喪失船舶総量八八三万総トン。開戦時保有船舶六三八万総トンと戦争中建造船舶三八三万総トンの合算船舶の八六パーセント。海没乗組船員は六万三〇〇名に及ぶ。海上交通保護の戦略思想がなかったための悲劇だが、しかし兵学校出ではない戦士たちの奮戦は称えられるべきであろう。

## 三八　実松譲著『海軍大将　米内光政正伝』
### ―肝脳を国の未来に捧げ尽くした一軍人政治家の生涯―

「良識派の軍人」という存在が近代史の中でしばしば指摘されるが、その中心軸に位置するのが米内光政である。この米内は、日独伊三国同盟に反対しただけではなく、終戦講和に日本を導いたことでも知られている。軍人でありながら、吹き荒れる軍国主義と日米開戦という激流にさからい、身命を賭して孤軍奮闘、平和への小舟を漕ぎつづけたのであった。

ところで、日米戦の一要因ともなる三国同盟は、第二次近衛内閣成立後の昭和十五年九月に締結されるのだが、昭和十二年二月に米内が海軍大臣に任じられてから、山本五十六次官、井上成美軍務局長のトリオは、徹底してこの三国同盟の阻止に肝脳の限りを尽くしたのである。

また日本の敗戦時にあっては、みずからの血圧が二六〇を超えていたにもかかわらず、国と天皇の要請に応えて、日本陸軍の徹底抗戦に敢然と立ち向かい、その結果として日本本土決戦を回避する道を選択させたのである。だがもし本土決戦が行なわれたら、日本国民数百万人の生命が失われたであろうと想定されるのだ。慄然たる思いに捉えられずにはいられない。余談ながらこの米内は、山本五十六が最も尊敬しただけではなく、昭和天皇の信頼が篤かった提督なのでもある。

ここで本書の著者である実松譲氏の経歴を振り返っておきたい。明治三十五年十一月、佐賀県に生まれる。海兵五十一期、海軍大学卒。プリンストン大留学。「五十鈴」航海長をへて海軍省副官兼大臣秘書官（米内光政）となる。開戦時、在米海軍武官補佐官としてワシントンに駐在する。交換船で帰朝した後は大本営海軍参謀兼海軍大学校教官、海軍大佐。戦史研究家として活躍し、数多くの著作を著わしたが、平成八年に亡くなった。

その実松氏が常に肝に銘じていた米内の言葉があった。「実松、人間というものはネ、いつ、いかなる場合でも、自分のめぐりあわせた境遇を、もっとも意義あらしめることが大切だよ」。それに関して実松氏は言う。

「そうした米内の言葉が後輩を奮起させるところに、人間米内の価値があるのではないだろうか」と。

本書に序を寄せている阿川弘之氏は、こう記すのだ。「実松さんは、豊富な資料と自己の貴重な見聞にもとづいて、立派な米内光政伝を書きのこしてくれた」と。そしてまた、こうも言う。「史実に忠実でありながら、少しも固苦しいところや気張ったところが無く、米内を深く愛惜しながら独りよがりのところの無い、米内光政の人柄がそのまま乗りうつったかと思われるようにすぐれた文章である」

本書が最初に著わされてから長い歳月が過ぎ去ったが、その間、増補改訂を重ね、今回、昭和史最後の不惜身命の人を描く決定版正伝として上梓された労作。（二〇〇九年三月号）

## 三九　海堂史郎著『台湾海峡が燃えた日』

どんでん返しが待ち受けているこの物語は、国防・中台研究の第一人者が練りに練った大胆な構想から描き出された。中国福建省の寒村に生まれた陳健栄が毛沢東の赤軍に入隊し、次第に頭角を表わして福建軍の司令になり、その息子の陳紅栄が胡錦濤の命を受けて台湾を奇襲するというストーリーである。物語は小気味のよいテンポで繰りひろげられていく。台湾占領のくだりはこう記述されている。

——午前九時、海岸は中国軍で埋まっていた。すぐに部隊点呼、戦車・砲・弾薬・食糧の揚陸が次々行われた。市民たちは近くの丘陵地帯に逃げていたが、砲火が鎮まり、市内が中国兵で一杯になると、中国万歳と呼びかけながら町に帰ってきた。——この台湾海峡の未来を予測する衝撃のノンフィクションノベルによって、アメリカ、ロシア、韓半島、そして日本に何が起きるか——が理解されようというものだ。増加しつづける人口、急速に拡大する経済成長の［巨象］をじつにリアルに捉えた迫真作。（元就出版社刊・税込１６８０円）（月刊「丸」ホンのたち読み／ななめ読み〈以下同〉二〇〇七年一月号）

## 四〇　毛利恒之著『ユキは十七歳　特攻で死んだ』

一枚の軍服姿の若者たちの写真がある。真ん中に子犬を抱いて微笑む少年兵の姿が印象的だ。特攻出撃前の第七二振武隊の隊員たちである。昭和二十年五月二十七日、隊長機を先頭に九機の九九式襲撃機は命令一下、沖縄本島南部海上の米艦船攻撃に飛び立ったのだ。隊長は二十三歳、本書の主人公・荒木幸雄は十七歳。彼らはその任務を果たし、その生を終えた。ユキとその仲間の少年飛行兵たちが、どのように生き、死んでいったのか——その短くも烈しく燃えた生涯を、毛利氏はみごとに紙上に再現した。

映画化もされた小説『月光の夏』、そして『月光の海』『青天の星』に続く「特攻レクイエム」の第四作が本書なのであるが、今回はノンフィクションとして書き下ろされた。十余年の歳月を要して彼らの「最期の海」をつきとめた毛利氏の「平和の貴さ、いのちの重さ」へ

の飽くなき思いと願いが伝わってくる記念碑的な作品である。（ポプラ社刊・税込1365円）（二〇〇四年十一月号）

## 四一　熊谷直著『もっと知りたい日本陸海軍』

日本の軍隊は、どのように組織され、運用されてきたのか。明治・大正・昭和の三代にわたって、そのエピソードから現在の自衛隊のあり方までを、戦争体験の全くない人にもわかるように纏められたのが本書なのである。

熊谷氏は防大三期生で在職中から軍事史の教育・研究に携わってきた。「丸」誌でもこれまで数多く執筆してきた軍事史家の第一人者である。本書も数年前に「丸」に連載した「おもしろ軍事史・エピソード『ていこく陸海軍』物語」が基になっている。

軍の基本については、現代のものも過去のものも共通点を持っていると熊谷氏が指摘するように、帝国陸海軍についての知識を得ることが、イラク戦争のような現代の戦争を理解することにもつながってくるのだ。大組織である軍について学ぶことは、企業などの組織運用の参考にもなる。従って熊谷氏は、サラリーマンなど組織に属する人や学生などに役立つことを念頭において記述したのである。貴重な軍隊教則書だ。（芙蓉書房出版刊・税込1890円）（二〇〇五年八月号）

## 四二　三好誠著『戦争プロパガンダの嘘を暴く』

「南京事件」から「バターン死の行進」まで、というのが本書の副題であるが謀略の嘘は戦前に限ったことではないのだ。むしろ武器をおさめた平時にこそ激しく火花を散らすものなのである。著者は実際にバターン半島に赴き、当時と同じ四月に「死の行進」なるものを試みる。そこで見えてきたものは、反日謀略の宣伝にすぎないという事実であった。

バターン半島の突端、マリベレスに殺到した十万を越える捕虜と難民。恒久陣地に大兵を擁しながら脆くも壊滅するとは、米軍も日本軍も予想だにしないことだった。

しかし、降伏し保護を求められた日本軍は、彼らを放置することはできず、結果六十キロ余りの道を徒歩で移動させなければならなかった。こんな僻地で軍の数倍の捕虜難民を養うことは不可能だったたからだ。歴史の真実を見抜く目を持つことの大事さを教えてくれる痛快な出色本だ。（展転社刊・税込1890円）（二〇〇五年八月号）

## 四三　林えいだい著『重爆特攻さくら弾機』

「さくら弾機」をご存知であろうか。キ67「飛龍」を改造して三トンの特殊爆弾を搭載した特攻機のことなのだが、なぜそう呼ばれたのかははっきりしないという。さくら弾はサイパン島アスリート飛行場爆撃に使われた陸軍の小型爆弾「タ弾」と同じ原理で開発されたが、本機は三菱重工で九機生産され、飛行第六十二戦隊に配備された。

「陸軍の命運をかけたさくら弾機は」と林氏は書き、こう続ける。「鹿屋と大刀洗飛行場から、キ67特攻ト号機とともに出撃した。敵機動部隊の空母、大型戦闘艦撃沈が期待されたが、結局、戦果が確認されないまま敗戦になった」と。

片道燃料のこの特攻機は設計上も無理な点が多く、欠陥機だったという指摘もされている。「戦況の回復をあせった陸軍指導部の暴挙であり、犠牲となった特攻隊員は浮かばれない」と林氏は慨嘆する。

本機の放火事件の顚末も詳細に綴られているが、歴史の闇の中に封じこめられた事実を掘り起こすのは困難をともなう。（東方出版社刊・税込２９４０円）（二〇〇六年三月号）

## 四四　深井紳一著『第九銀河隊指揮官　深井良』

一九四五年五月十一日午前六時二分、神風特攻第九銀河隊隊長の深井良中尉は、偵察員俵一上飛曹、電信員北山博上飛曹と同乗し、六機の双発爆撃機銀河を率いて宮崎基地を飛び立った。体当たり攻撃に向かうのはトカラ列島、沖縄間の南西諸島の海域に蝟集するアメリカ機動部隊である。七時二十六分、「戦場到着予想時刻〇九〇〇」を打電して以後、消息を絶った。

特攻戦死を遂げた指揮官の甥が、「苦労を共にして行った友を想い、しかし親を悲しませることを恐れ、逃げることができない、正当化するしかない死に向かって疾走した青春」（著者）を、関連資料を収集分析し、証言者を訪ね歩き、「何かに導かれるような偶然から集まってくる情報の断片を、ジグソーパズルのように組み合わせる」という困難な作業によってみごとに紙上に再現したのだ。

祖国の礎となって散った若き搭乗員の群像を蘇らせた感動の記録である。（元就出版社刊・税込1680円）（二〇〇六年三月号）

## 四五　西岡力著『よくわかる慰安婦問題』

米下院本会議で、慰安婦問題についての対日謝罪要求決議案が可決された。法的拘束力はないというものの、「戦中、日本が朝鮮人をはじめとするアジア女性をセックススレイブ（性奴隷）として強制動員した」という捏造された事実無根の事象が、大手を振って国際社会にまかりとおることになるのだから怖ろしい。

そもそもこの源流は、吉田清司という人物の著作から始まったのである。「山口県労務報国会の動員部長として朝鮮人の徴用業務に従事した」吉田が、「ドレイ狩り」を行なっていたと証言したのだ。だがしかし、それは西岡氏の執念の調査努力によって覆され、本当のことが次々に明らかにされていくのである。

「日本を貶め続けている」輩が日本人であることに、暗澹たる思いに捉われる。「国内の論争で負けた反日勢力が、外と結んで逆噴射を仕掛けようとしている」と西岡氏は指摘し、こうも言う。「日本を孤立させようとする大きな枠組みがある」と。じつに明快、蒙を開かれる必読の一冊だ。（草思社刊・税込1160円）（二〇〇六年九月号）

（注、月刊雑誌「丸」の「BOOKプロムナード」は、姉妹会社・光人社刊行の書籍、主に新刊本を紹介するために設けられた欄で、一九九六年十月号から二〇〇七年七月号までは筆者＝牛嶋義勝が担当、執筆したが、四百字詰め原稿用紙で五百四十枚に及ぶ。2B鉛筆で筆を執ったが、脱稿はいつもメ切間際になったものだ。

今回、その中から十九回分（一回で二冊紹介）を適宜、抽出した。前任の執筆者、東京タイムスの星実矩氏、文芸評論家の真鍋元之氏、両氏の水準を落とさないように腐心した。なお、本欄は柴義英、高嶋勝美、野嶋智義の筆名で執筆した。末尾記載の筆者名、出版社名、定価は略した。また「ホンのたち読み／ななめ読み」欄は、他社の書籍を選び出して無署名で書いた。毎号四冊を取り上げ、当該図書を推した部員が担当した）

# 第四部――雑記

# 一　「ガダルカナル戦記」と亀井宏さん　―花咲く日

「私は何もかも喪い、残ったのはこの記録だけである」と、作家の業を思わせる字句を、『ガダルカナル戦記』のあとがきに記された亀井さんが、講談社ノンフィクション賞を受賞された。その受賞式の時、四角い体と顔をさらに四角にされていた亀井さんを見て、私は嬉しかった。胸に衝き上げてくる感慨の中で、私はウィスキーを呷った。うまい酒だった。酔いが私の全身を駆けめぐった。宴が終ってわが家に戻った時は深夜だった。酩酊している私の頭の内部に蠢いているものがあった。次第に私は寂寥感に虜われ始めていた。今まで身近な存在に思えていた亀井さんが、私の手の届かぬところに去ってしまったような気がした。

昭和四十八年五月十一日、『あゝ軍艦旗』の決定稿を戴きに、私は大阪の亀井さんを訪ねた。その夜は亀井さんと大阪の繁華街を飲み歩いた。心斎橋で占いのおばさんを見つけた亀井さんは、拒む私の手を強引に摑むと、天眼鏡の前に拡げさせた。私の運勢は無難なものだったが、亀井さんのは甚だ悪かった。一瞬、亀井さんの顔に翳りが走った。が、すかさず亀井さんは揶揄の言葉を浴びせて斬り返した。その場を離れてからの亀井さんは、心なしか寡黙になったようだった。その頃、亀井さんの身辺には、亀井さんを悩ませるような要因が多々起こっていたのだった。それらを知ったのはだいぶ後のことになるが、自身の葛藤を内に包み隠す強靭な意志を持った人なのである。余談になるが、『あゝ軍艦旗』は、戸石泰一さんが『赤旗』紙上で正当なる評価を与えてくれたが、これは有難かった。

取材で亀井さんが東京へ来られた初日は、飲み歩くのが常だった。『ガダルカナル戦記』の取材を始められたある時、門限に遅れて宿泊予定の宿に入れず、やむなく二人で連れ込み宿に泊まった。その朝、私が目覚めた時には既に亀井さんの姿はなく、枕元に置き手紙があった。取材に出掛けたのだった。私は亀井さんのこの作品に寄せる熱意と執念を、今更ながら思い知らされた気がした。私は私の不明が恥ずかしかった。

亀井さんは目下『東條英機』を書き下ろされていて、既に五分の四に当たる千三百枚の原稿を戴いているが、斬新な解釈と独自の史観によって、従来にない東條の人間像が浮き彫りにされている力作である。文学修練を十二分に積んでいる亀井さんが、大輪の花を咲かせる日が近いことを私は信じて疑わない。

（筆者＝光人社編集部　牛嶋義勝　一九八〇年八月三十日　図書新聞発行）

## 二　月刊「ざっくばらん」（75字で書くエッセイ）

**＊日教組**

侵略戦争発言の首相H、生半可通の司会者K等々——戦後民主主義の尖兵日教組の罪は重い。同世代のジャーナリストとして、先の大戦を正しく伝え続けていきたい。（一九九三年十一月号）

**＊どっちもどっち**

参院選の低投票率は、国民の政治家への不信を語って余りある。とはいえ、先人たちの血で勝ちとった参政権を、いとも無造作に捨てる国民の政治意識も大問題だ。（一九九五年八月号）

**＊歴史の凝視**

情緒的教条的に「日の丸君が代」等を捉えても何も生れぬ。世間体を繕っているに過ぎぬからだ。似非平和主義を脱却し、冷徹に歴史を凝視する事こそ平和への道に繋がる。（二〇〇〇年二月号）

（筆者＝牛嶋義勝　主幹・奈須田敬　並木書房発行）

## 三　森重昭著『原爆で死んだ米兵秘史』（産経書房欄　解説）

原爆を投下したＢ29の搭乗員が自国の人間をも被爆死させていたという事実を知ったなら、どのような反応を示しただろうか。それまでの彼らの行為を正当化する言辞を、修正することなく繰り返しただろうか。

昭和20年末までに広島で14万、長崎で7万、計21万人が原爆の犠牲となったのだが、この中に連合軍捕虜21人も含まれている。

［新兵器］は味方の兵士をも殺すという皮肉な結果をもたらしたのだ。

しかし、連合軍は調査を行いながらも一切の資料を公開せず、従って遺族も肉親が原爆で死んだという事実を知らされることは全くなかったのである。

昭和20年7月28日、日米最後の海空戦が行われた。呉沖海空戦である。連合軍は艦載機を次々と発進させ、反撃してきた戦艦榛名、重巡利根に猛爆を加えた。これに沖縄から飛来したＢ24も加わる。ついに奮戦むなしく2艦とも大破着底した。戦死者66人。

だが、米側の犠牲も少なくはなかった。この日、日本軍によって撃ち落とされた米軍機は、Ｂ24爆撃機2機、艦載機20機、計22機。森氏の筆によってそれぞれの機の最期の状況が克明に再現され、戦争に翻弄された搭乗員たちの悲劇が浮き彫りにされていく。
被爆者でもある森氏は、奇跡的に生き残ったB24の機長や米兵遺族との交流を続けながら歴史の闇に挑んだ。会社勤めの傍ら聞き取り調査を始めたのだが、その数1000人、20年に及ぶ。その情熱に共鳴し事跡を伝えたいという思いを引き継ぐ形でこの感動的な本は生まれた。

（筆者＝光人社書籍編集部　牛嶋義勝　光人社刊・2100円）

（平成二十年〈二〇〇八年〉八月九日　産経新聞発行）

## 四　菊村到著『洞窟の生存者』（光文社文庫　解説）

戦争の風化が取り沙汰されて久しい。今や戦後生まれが過半数を超え、日本とアメリカが戦ったという歴史的事実にすら無知、無関心の者も現われているが、たとえ知ってはいても、太平洋戦争についての認識は極めて曖昧なものになっているのが実情であろう。戦争体験者も年々、少なくなってきている。

太平洋戦争は、もう遠い過去のものになってしまったのだろうか。中国との泥沼の戦いに喘《あえ》ぎながら、日本は米英に戦いを挑み、その結果、国敗れて国土は荒廃し、三百万の命が失われた。世界的規模（第二次大戦）で見れば、五十五ヵ国を捲き込み、四千万の死者を出した未曽有《みぞう》の殺戮《さつりく》戦であった。

この二度と繰り返してはならない歴史は、戦争の真の姿を一人一人が知ることによってこの愚を繰り返さない抑止力《よくし》に繋《つな》がっていくだろう。その意味からも、本書に収載された十篇の戦争小説は貴重であるし、またこれらの作品に触れることによって、戦争の持つ複雑多岐な様相の一端を垣間見《かいま》ることができる。生と死が隣り合わせの戦場に封じ込められた兵隊という名の人間の愛憎、確執、葛藤、生と死といったものが生々しくわれわれの前に立ち現われてくる。

菊村到にとって、戦争とはどのようなものだったのだろうか。次の一文に戦争に対する作者の思いがこめられている。

「わが軍隊体験ときたら、実に惨憺《さんたん》たるもので、それこそ地獄の日日でした。もう、どんなことがあっても、戦争だけはごめんです。

これは理屈ではありません。切実な実感なのです。私には戦争で死んでいった人たちの魂の呻《うめ》き声が聞こえてくるような気がします」

戦中派世代にとって、戦争は避けて通れぬ現実だったのであり、その内奥に消しがたき傷を残したのは無理からぬことであった。菊村到は、早稲田大学在学中の昭和十九年十月、陸軍特別甲種幹部候補生を志願して仙台の陸軍予備士官学校に入学、翌年六月卒業、歩兵部隊に配属され、見習士官として秋田で終戦を迎えた。

この軍歴から見ても分かるように、菊村到は、一兵士としてレイテ島で戦った大岡昇平《おおおかしょうへい》や、七年も黄塵《こうじん》の戦場に埋没した伊藤桂一《いとうけいいち》や、ルソン島で敗走行を重ねた江崎誠致《えざきまさのり》らのような厳しい実戦体験はない。

しかし、戦時下に多感な青春を迎え、その閉塞《へいそく》状況の中で己れの生命を燃焼させなければならなかったし、否応《いやおう》なく戦争の息吹《いぶき》を全身でうけとめざるをえなかった。実戦体験はないにせよ、これもまた堂々たる戦争体験であろう。

ところで、戦争をどの視座から見据えるか——体験者の目から主観的に見るか（体験記風）、体験者の話を聞いて客観的に外側から眺めるか（歴史小説風）、あるいは指揮官の立場から捉《とら》えるか、一兵卒の視点からか——によって、戦争そのものの見え方も有り様《よう》も、おのずと異なってくるはずである。

菊村到は戦争に材をとった小説を数多く発表してきたが、そのほとんどが自分自身の体験からではなく、実際に銃を執《と》って戦った戦争体験の持ち主を探し出し、彼らから聞いた話をもとにつくりあげている。

しかし、菊村到は戦争の功罪や戦闘の推移や作戦の巧拙などといった戦争それ自体に肉薄するつもりはなかった。極限状況下に置かれた人間達から生まれる様々な事象を劇的構成のうちに再現することにあった。そこには体験記風でもなければ歴史小説風でもない、新しい型の戦争小説が生み出されたのである。

かつて菊村到は次のように記した。

「ぼくはよく物語作家とかストーリィ・テラーとか呼ばれたりするが、小説の論理性をささえているのはやはりストーリィだと考える。小説が、エンターテインメントであることを、すなおにみとめてこれとまともにとりくむことも現代作家のひとつの課題であろう」

この菊村到の小説に対する姿勢は、戦争小説にとっても例外ではない。それは本書に収められたどの作品を見ても明らかである。

しかし、サスペンス調やミステリー調といった手法で戦争を描いてはいても、戦争の真実はそこなわれることなく、確かな手応えをともなって伝わってくる。いずれの作品も、作者の稟質《ひんしつ》、姿勢が存分に生かされていて、全篇一気に読み通させるものを持っている。これぞ小説の醍醐味《だいごみ》であろう。

さて、菊村到の記念碑的作品となった芥川賞受賞作「硫黄島」は、戦争の罪科に苦悩する元兵士が、かつて戦った玉砕の島に赴《おもむ》いて自殺を遂げるに到る物語であったが、この硫黄島を舞台にした作品が本書でも二篇おさめられている。表題作「洞窟の生存者」と「硫黄島の太陽」である。

ちなみに、本書収載の他の作品の舞台となっている戦場をあげれば、フィリピン三篇、メレヨン島、ニューギニア、中支、オーストラリア、となっている。菊村到の作品には、フィリピンの戦場を扱ったものが多いが、読売新聞社会部記者時代に、この地を訪れていることも一つの要因であろう。

また、これらの物語の舞台のほとんどが、敗戦まぎわの戦場であることは注意を要する。戦場では人間の赤裸々な姿が噴出するが、絶望的に追いつめられた状況であってみれば、なおのこと数々の凄絶なドラマが繰り広げられることになる。

「洞窟の生存者」だが、「硫黄島」が一兵卒の、それも戦後を描いているのに対して、戦火の中を逃げ惑う島民である民間人の青年を主人公にしている点に特色がある。ドキュメンタリーの手法で描かれたこの作品から、戦争に翻弄《ほんろう》される住民たちの姿が浮かび上がってくる。死が日常と化し、次第に追いつめられていく過程が臨場感をもって迫ってくる。そして意外なフィナーレが待ちうけている。「硫黄島の太陽」もだが、生と死を分ける人間の運命の不可思議さ、人間の不可解さといったことを考えさせられる。

フィリピンを舞台にした三篇はその時期が敗戦間近《まぢか》の山中彷徨《ほうこう》の頃に置かれている。ここで、この三篇にも触れておこう。「死者の土地」は、翼を持たない航空隊に配属された海軍予備学生の周辺で次々と起こる様々な死を描いている。登場人物はすべて死んでいくのだが、不思議に死の臭いはない。「英雄たち」も海軍予備学生を主人公にしているが、兵隊になりきれず、生きたいと痛切に願った時には死が訪れる。深い哀切感が漂ってくる。「小さな戦場」では、意外な事件が連続して起こり、それが小気味よいテンポで語り進められていく。スパイ・アクション小説を読むような趣があって飽きさせない。

しかし、こうした娯楽性の強い作品においても、「私は戦争という巨大な血なまぐさい空間のひろがりの中から、ひとつまみほどの土くれをすくいあげてみせることができればいい」（「無名戦記」）という作者の願いは十二分に達せられている。

菊村到の戦争小説は、声高《こわだか》に正面きって戦争反対を叫んだりはしていない。だが、どの作品からも、その行間から作者の平和への切実なる祈りが滲み出てきている。戦争や兵隊を借りて、人間とは何かを、作者はこれらの作品で提示してくれているのである。

本書は、歳月の淘汰を経てなおその輝きを失わない菊村到の戦争世界アンソロジーであり、戦時下を生きた著者の青春の証《あかし》なのである。


(筆者＝北野一義　一九八五年八月十五日　光文社発行)

## 五　『騰越守備隊玉砕戦記』

### 1

騰越《とうえつ》守備隊の命運は、もはや尽きようとしていた。これまではわずかに残っていた守備隊の拠点も、つぎつぎに雲南遠征軍約三個師団の手の中に陥ちていった。守備兵たちはいまや死を待つばかりの悲境に追い込まれていたのである。

食糧も枯渇し、弾薬も底をついていた。守備兵は辛うじて敵の死体から兵器・弾薬を奪うなどして敵の猛攻に耐え抜いていたのだ。五体満足の守備兵はほとんどおらず、負傷した者を入れても、六百名を数えるぐらいの兵力にしかすぎなかった。

この騰越は「龍」(第五十六師団)の歩兵第百四十八連隊(龍第六七三六部隊)、蔵重康実大佐を指揮官とする二千二十五名の将兵によって守られていた。とはいっても、実際に騰越の守りについていたのは、歩兵第百四十八連隊の全部隊ではなかったのだ。

仔細に挙げると、蔵重連隊長直轄の百十名、第二大隊日隈太郎指揮下の六百五十名、宮崎徳蔵中尉指揮の第一大隊残留隊八十名、野田末雄中尉が指揮する第三大隊残留隊七十名。ほかに連隊直轄、連隊砲成合大尉指揮の百三十名、速射砲高木中尉指揮の七十名、計千百十名。それに通信隊、衛生隊、防疫給水隊、輜重《しちょう》隊などを合算した兵力は二千二十五名なのだが、第一大隊主力にいたっては、すでにミートキーナで玉砕を遂げていたのだった。

昭和十九年（一九四四年）八月二十五日、日本軍の飛行機が十二機、突如として騰越上空に飛来したのである。はじめて見る日の丸の銀翼だ。片目、片足、片手の兵隊たちは、信じられない思いで上空を見上げた。そのとき一つ二つ荷物が投下されたのである。兵隊たちは狂喜し、涙を流して落下地点へと急いだ。待ち望んでいた手榴弾五百発、それと負傷者のための医薬品を運んできてくれたのだ。上級司令部は、まだ騰越の守備隊を見捨ててはいなかったのである。

「――久方ぶりに日の丸友軍機頭上に乱舞するを見る、全員涙をもって感激感謝す、この心情察せられたし、手榴弾五百発まさに受領す、決死隊編成にあたり、将兵は勇躍してその任につけり、友軍機飛来の際、敵高射砲隊は友軍機を攻撃せしも全機無事帰還せられんや」

太田正人大尉のこの電文を読んだ「龍」師団長の松山祐三中将は、死を目前にしながらなお友軍機の安否に思いを馳せる武人の心情に肺腑を抉られ、辛うじて涙をこらえていた。

松山中将は鼻下に美髭をたくわえ、人を射すくめるような炯々《けいけい》たる眼差しと相俟って戦国時代の武将を思わせる風貌の持ち主だった。その蛮勇ぶりはつとに知られており、［悪漢］という異名まで奉られていた武人だったのである。その男がこのとき弱冠二十八歳の太田大尉の心根に感極まっているのだ。

じつは太田大尉は、守備隊長蔵重大佐が八月十三日に壮烈な戦死を遂げていたので、その後は新守備隊長として軍旗を奉じ、残り少ない守備隊の陣頭に立って、怒濤のように四方八方から押し寄せてくる敵を相手に孤軍奮戦していたのである。そのあと太田大尉は、司令部に次のような電報を打ったのだ。

「蔵重部隊の戦死後、わずか旬日を出でずして、かくの如き重大なる戦況にたちいたりたるは、ひとえに小官の無能、指揮未熟の結果、まことに慚愧にたえざるところ、しかし、将兵は隻眼隻手隻足みな戦闘に参加し得るものは志願して仇敵撃滅を誓いたりて、将《はた》また二ヵ月余の戦闘に今なお部隊長の遺訓を体し、奮闘中につきご安心を乞う。現下の状況下、また何も申しあぐることとなし、詳細に報告し得ざるを遺憾とするも、兵団主力方面の戦況如何？　小官らにかかわることなく戦闘を続行せられたし、ただほしきは手榴弾、渇望すること切なり、出来得れば手榴弾の強行補給のみを願います」

なんという一文であろうか。手榴弾だけを求め、他には何も求めていないのだ。太田大尉の凛とした姿勢に胸うたれずにはいられない。太田大尉以下、守備隊将兵は誰一人として陣地死守を諦めてはいない。一人になっても徹底的に抗戦する覚悟を持っていたのである。手榴弾はもう一個もなく、そのため『ただ欲しきは手榴弾』と太田大尉はいい、司令部はその願いを果たすために危険をおかして友軍機を派遣したのだ。

太田大尉の目から感激の涙が流れ落ちた。守備兵はみんな泣いた。投下してくれたこの一発一発に全霊をこめて、頑敵を一人でも多く殺傷する——そのことだけを守備兵たちは思い定めていた。それが今の彼らに残された夢であり希望であったのだ。

八月二十七日、手榴弾、医薬品の補給を受けた守備隊は、勇躍反撃に転じた。夜闇を待って西門に近づくと、道路上で防御態勢を布いていた敵兵に向かって手榴弾攻撃を敢行し、多くの敵兵が薙《な》ぎ倒された。しかし、守備隊も敵の銃撃掃射を浴び、騰越城の石畳を血で真っ赤に染めていったのだ。

このころ第三十三軍司令官本多政材中将は「龍」「勇」の総力をあげ、龍陵方面に布陣する第十一集団軍に対して決戦する意思を固めていた。この攻勢意図を知った蔣介石総統は、「国軍の名誉浮沈はまさに今日にあり。全軍奮起せよ」と檄《げき》を飛ばし、将兵を督励したほど「龍」の勇猛、強兵ぶりを恐れていたのであった。

八月最後の日を迎えた。敵は猛攻を浴びせかけると、そのあと大兵をもって東南角陣地に喚声をあげて殺到してきた。この日も友軍が投下してくれた手榴弾を投げて善戦した。しかし、敵の大攻勢に損害は甚大であったのだ。

九月に入った。もう秋なのだが、ここ騰越では連日、戦火が降り注ぎ、灼熱地獄の中にあった。陣地は焼き尽くされ、耐えられないほどの熱さに守備兵は耐えるしかなかった。

ついに外郭陣地を陥《おと》した敵兵は、城角の一角を越えてきた。そのため壮烈なる市街戦が繰り広げられることになったのだが、九月一日のその日、太田大尉は軍司令部に電報を打ったのである。

一、城壁の一角崩れたるも逆襲を計画中なり。

二、全員士気きわめて旺盛、ご安心ありたし。わが守備隊を救援するため、軍および師団が無理な作戦をなされざるよう特にお願い申す。

戦史家・伊藤正徳氏は『帝国陸軍の最後』の中で、この電文を「あたかも拉孟《らもう》の金光少佐と申し合わせたごとき勇士の心構えであった。まさに傑作と言っていい」と称えている。

そのとき父親はわが子を救い出そうとして悪戦苦闘の真っ最中なのである。龍陵付近の敵を追いはらおうと、三十三軍の総力をあげて攻撃はしているのだが、六個師団の敵に一個師団半の兵力では、戦線は膠着したままで一向に戦況は変わらないのだ。

個人の勇戦によって左右されていた戦闘の規模も、いまや近代化を計って大きく変化を遂げていたのである。米英から補給を受けた雲南遠征軍の大砲を例にとっても、射程と精度において日本をはるかに上回っていたのだ。それに加えて、日本の歩兵が敢行する逆襲吶喊《とっかん》さえも見習って行なうことさえあった。

「もはや日支すなわち一対十の戦力方程式は」と伊藤氏は書き出し、こう続ける。「成立しなくなった。太田の電報は、それを見かねて『無理はして下さるな』と老将たちをいたわっているのだ。普通なら救いをもとめるところを『お構いなく』と辞退して孤軍奮闘した青年将校は、昭和十年前後に革命にかぶれて暴れまわった連中とは、別人種のごとき日本軍人であった」と。

最後のときが刻々と近づいていた。攻撃は下火になってはいたものの、太田守備隊長は覚悟を新たにした。重要書類については細かい指示を与え焼却した。しかし、まだ守備兵は少ないにしても健在だった。彼らがいる間は戦い続けなければならない。しかし、敵は守備隊の実態をよく知っていた。最後の抵抗を続ける日本軍も、あと数日で全滅させることができるだろうと。

九月四日夕刻、太田大尉は残存兵力がもう三百五十名になったことを知った。玉砕の日は近い。

九月五日、最後の総攻撃が開始された。敵はこの三百五十名の将兵に対して、徹底的な攻撃を加えてきた。空と陸が一体となっての猛攻だ。迫撃砲、ロケット砲、バズーカ砲と、大小の火器を惜しげもなく使用し、撃ちまくった。そうして撃ちまくっては、日本の最後の拠点である中門正面に突進してくるのだ。敵も守備兵に劣らず勇敢だった。

城壁は無残にも吹き飛ばされ、舞いあがった黄塵が辺りを覆った。守備隊将兵の軍服は、肩章もちぎれ、血と汗にまみれて悪臭を放っていた。

敵弾で四散した守備兵の肉片が石壁にへばりつき、地上には手足が転がっていた。まさに地獄絵図であった。だが生き残っている守備兵の士気は高く、心は澄み切っていた。

六日、七日、八日、九日、十日……敵の攻撃は休むことなく続いた。いまや蔵重部隊長がかつて指揮をとっていた城壁内北東の連隊本部だけが、残されたたった一つの砦となっていた。その砦にいるのは、太田大尉と七十名の将兵だけであった。

九月七日六時、騰越から五十キロ東南に位置する拉孟の砲声がやんだ。六月二日に第一弾が放たれてから百余日、前日には金光恵次郎少佐が戦死し、この日は真鍋邦人大尉以下全員が横股陣地で壮絶な最期を遂げたのであった。

廃墟と化した拉孟に冷たい雨が降り注いでいた。怒江から吹きあげる風が累々たる屍の上を通り過ぎていく。騰越の運命も拉孟と同様に風前の灯なのだった。

九月九日、蔣総統は、第二十集団軍総司令官に激励の電文を送った。しかし太田大尉はそんなことなど知るべくもなかった。

電文はこうだ。『拉孟陣地は、七日、第八軍において遂に攻占する所となった。龍陵方面より敵反攻に備うる準備に着手せり。騰越は国辱記念日（注、満州事変勃発日）までに奪回すべし』と。

九月十一日、太田大尉は最後の突撃を行なうことを決意し、玉砕全滅する旨を満身創痍の将兵にいい渡した。弾薬、手榴弾のすべてを使い果たし、残るのは各自の持つ軍刀、銃剣だけとなった。午後十時ごろ、太田は師団長あてに無線を発した。

『守備隊本部前八十メートル前に於て激戦中。軍旗は九時、涙とともに奉焼せり。将兵よく奮闘せり。多数の将兵を捧じて、作戦の支援たるを得ざりしこと申し訳なし。聖寿の万歳を寿ぎ奉り、兵団の武運長久を祈る』

九月十二日六時、太田大尉は最後の電報を打つと、無線機を破壊し、暗号書、その他機密書類を焼却して、すべての処置を終えた。もう思い残すことはなかった。あとは潔く散るだけだった。

『現状よりするに、一週間以内の持久は困難なるを以て、兵団の状況に依りては、十三日、連隊長の命日を期し、最後の突撃を敢行し、怒江作戦以来の鬱憤を晴らし、武人の最後を飾らんとす。敵砲火の絶対火制下にありて、敵の傍若無人を甘受するに忍びず、将兵の心情を、諒とせられたし』

司令部はここに拉孟玉砕の悲電に続いて、騰越からの「ご期待に背き奉り申し訳なし。全員突入す」の悲痛きわまる訣別の電報に接することになったのである。

九月十三日、太田大尉以下残存の将兵は、抜刀して先頭に立つ太田大尉の後に従い、喊声をあげて、雲霞の如く蝟集《いしゅう》している敵兵団の中に突入していった。この日は蔵重康実大佐――戦死後は進級して少将であったが、その命日にあたるのだ。太田大尉はそのときを選んで総攻撃をかけたのである。

『城内に突入せる優勢なる敵と昨日来混乱戦闘中なり、一同最後の突撃を敢行す、全軍の勝利を祈る』

師団通信隊は、太田大尉からの最後電文を受信した。玉砕寸前だというのに、その送信には少しの乱れも感じられなかった。

第二十集団軍長の霍揆彰《かくはっしょう》中将は、雲南軍総司令官の衛立煌《えいりつこう》大将にあてて電文を送った。そこにはこう記されていた。『本九月十四日、騰越における日本軍の抵抗はすべて終了せり」と。敵に包囲されてから八十余日を経過していた。

## 2

騰越玉砕という悲劇をもたらしたインパール作戦は、やらずもがなの作戦であったばかりでなく、ガダルカナル作戦と共に太平洋戦争最大の敗北戦といってもよいであろう。それは世界戦史にも例を見ない［白骨街道］とまで言われた悲愴きわまりない撤退行であったからである。同時にそれは建軍以来、不敗を誇った輝ける日本陸軍の歴史に汚辱を刻みこむことになったのだった。

余談ながら、ガダルカナル戦は日米の第一次決戦で日本は負けたのだが、インパール戦は日英の決戦でもまたもや日本が敗れ、これが契機となって日本は、敗戦への道を転げ落ちていくことになるのである。

インパール戦の参戦兵員約十万のうち三万が戦死、二万が負傷、三万人以上が病に倒れ、戦うことのできる将兵は二万を割っていた。さらに兵器の損害も甚大で、なかには大砲三十六門中の三門を残して全損という師団もあったというし、銃数が六百梃になってしまった師団もあった。また乏しい軍用自動車を無理を重ねて二千九百七台配備したにもかかわらず、二千五十七台を失い、辛うじて八百五十台が損傷して帰ってきたという体たらくだったのである。(『帝国陸軍の最後』)

このインパール作戦を側面から掩護するために、北ビルマから中国の雲南まで兵を展開させたのが「雲南助攻作戦」である。この助攻作戦で全線敢闘したのが「菊」「龍」の兄弟師団であった。「菊」と「龍」は北九州で編成されたが、当時、日本陸軍最精鋭・最強の兵団としてその名は轟いていた。のちにその勇猛ぶりを実際に証明するのだ。蔣介石総統は「菊」「龍」にてこずる雲南軍を、次のように叱咤激励するのである。

『全軍将兵に与う。戦局の動きはわれに有利に展開しつつあり、勝利の栄光は前途に輝いているものの、その道に到達するまではまだなお遼遠といえる。最近の各方面の戦績をみるに、予の期待にそむくもの多し。諸子はビルマの日本軍を範とせよ。拉孟において、騰越において、またミートキーナにおいて、日本軍が発揮した勇戦健闘ぶりをみよ。それに比し、わが軍の戦績の、いかに見劣りすることか。予は遺憾にたえざるものなり。将兵一同、いっそう士気を振起し、訓練に励み、戦法を考案し、困難辛苦に耐え、万難を克服して強敵打倒に邁進せんことを望むものである』

「日本軍を範とせよ」というこの訓示は、雲南、北ビルマ戦線の「菊」「龍」に対しての感状ともいえるもので、当時、蔣総統の「逆感状」といわれていたものだった。

ここでインパール作戦、ミートキーナの死闘、騰越攻防戦にいたるビルマ作戦の概要を説明しておきたい。

ビルマ作戦は昭和十七年一月から昭和二十年八月十五日まで三年七ヵ月、ビルマ全域とインドのマニプール州、タイの北部にわたる日本の約二倍にあたる広範な地域を戦場として展開された。この炎熱瘴癘《えんねつしょうれい》の戦場に約三十三万人の兵士が送り込まれたのだが、東からは雲南遠征軍、北からは米支連合軍、西からは英印軍の猛攻を受けることを余儀なくされ、約十九万人もの将兵がビルマの土と化したのである。

ともあれ、昭和十七年五月に全ビルマが勘定《かんてい》され、その後（昭和十八年末まで）は平穏裡に推移していたが、次第に連合軍は空軍を増強するなどして大反攻の機会をうかがっていたのだ。そこで第十五軍は作戦地域を北、中、西、東、南の五つに区分し、それぞれ「龍」（第五十六師団）、「楯」（第五十五師団）、「弓」（第三十三師団）、「菊」（第十八師団）が治安維持に当たったのだ。その間、小戦闘や掃討戦が断続的に行なわれていたものの、要衝の防備には何の問題も起こらなかった。

しかし蔣介石は、軍きっての知将・衛立煌将軍を司令官とする雲南遠征軍（正式には滇西地区遠征軍）を拡充整備して攻撃の時を待っていたのだ。その兵力は三個集団軍、六個軍、十七個師団、じつに二十一万二千五百人を数える。これに対して日本軍は、北ビルマ方面ならびに雲南国境地区に布陣する第五十六師団（龍）のわずか一個師団にすぎないのである。

これまで約二ヵ年間、この広大にして重要な地域を、第五十六師団の歩兵第百十三連隊、歩兵第百四十八連隊の二個連隊で守ってきたのである。もちろん第十八師団「菊」や「龍」の他の兵科の将兵の奮戦も大きな力であったことは間違いないのだが……。

敵が大攻勢に出ようとしていたこの時、日本軍にとっての最大の問題点は、強力な敵空軍の空挺部隊の存在であった。そのことによって日本軍の後方補給は、困難さを加えることになるのである。大本営が作戦発起前に案じていたことが現実になったのである。

牟田口廉也中将が飯田祥二郎中将の後任として第十五軍司令官となったのは、昭和十八年三月十八日のことであった。第十八師団長だった牟田口中将がビルマを担当する軍司令官となったことによって、数多の悲劇を生むことになったのだから、この人事は日本にとって最悪の選択だったといってよいだろう。インパール作戦は遂行されなかったのだから……。

このインパール作戦は、昭和十九年一月七日、大本営によって下命されるが、インパール作戦の原形ともいうべき東部インド進攻作戦は、太平洋戦争勃発の八ヵ月後、昭和十七年七月、南方総軍によって計画されていたのである。

当初、ビルマ戦の日本軍は圧倒的に優勢で、そのため英印軍は総崩れとなって印緬国境を越えてインドに逃げこんだのだ。この機会を逃すことはないと考えた南方総軍は、インパールを陥し、東部インドの要地を抑え、一気に援蔣ルートを断ち切ろうとしたのであった。

昭和十九年八月二十二日、大本営は「二十一号作戦」と名付けられた東部インド進攻作戦を、第十五軍司令官の飯田祥二郎中将に下命した。ところが、この作戦には多くの軍人が反対した。まず最初に「無謀だ」と意を唱えたのは、ビルマ方面参謀だった片倉衷大佐だ。

だがこの作戦に反対したのは片倉大佐だけではなく、司令官飯田中将をはじめとして、参謀長諫山春樹少将、第三十三師団長桜井省三中将、第十八師団長牟田口廉也中将にまでおよんだのだ。のちにこのインパール作戦を強硬に推し進めることになる牟田口中将も、このときは猛反対したのである。

それは現地を知る者にとっては、その進撃路の困難さがわかりすぎるくらいはっきりしていたからだ。大湿地帯が百キロも続くフーコン渓谷は［死の谷］の意味なのだ。そのうえ百キロ以上の人跡未踏の樹海が広がっているのだ。さらにそれらの地を越えても、把握できていない地帯が何十キロにわたって待ち受けているのである。実際の作戦は図上のようにはいかないのだ。結果、この作戦は立ち消えになったのだった。

だがしかし、第十五軍司令官に親補《しんぽ》されると牟田口中将は突如として豹変する。あの絶対反対を主張していた牟田口中将が、逆にインパール作戦の発動を説きはじめたのだ。牟田口中将はこう考えた。

――ウインゲート旅団掃討の経験から、広大なビルマの防衛は、守勢をもってしては、とうてい連合軍の反攻を阻止することはできない。それゆえ、むしろ攻勢をとって連合軍反攻の策源地インパールを覆滅するのが最良の方策である、と。

この牟田口の構想は、ビルマ方面軍を通じて大本営でいろいろと協議が重ねられたが、その結果、軍の補給、装備などについて危惧不安を抱きながらも、昭和十九年一月七日、遂にインパール作戦は発起されることになった。

じつは牟田口中将は、支那事変勃発時の連隊長であり、直接の責任者なのである。そのためにこのインパール作戦によって、援蔣ルートを打ち砕き、重慶への補給路を断ち切って支那事変を終息させようとの思いがあったのである。そしてそのことこそが己が天命であり、責務だと思い決めていたのだ。

昭和十八年三月十八日、ビルマ諸軍の上に方面軍が新設され、方面軍司令官に河辺正三中将が着任した。その河辺中将は奇しくも牟田口中将が連隊長時代の直属の上官、支那駐屯歩兵団長だったのである。伊藤正徳氏によれば、インパール作戦は牟田口中将ひとりが強硬に推進したようにいわれているが、作戦の末期にはかえって河辺が牟田口に活さえ入れた事実があったという。それを裏付ける興味深い話を次に掲げておこう。

河辺中将がビルマ方面軍司令官を拝命し、時の首相・東條英機に招かれて首相官邸で昼食を共にした。そのとき東條は、河辺に「ビルマ作戦の今後の狙いはインドの独立を支援するにある」といい、「インド国民軍をわがビルマ軍の一翼に協力させること、インドに進攻する場合にはインド軍が大いに役立つだろう」等々を付け加えた。その東條大将の言葉を、実直な河辺中将は心の奥底に刻み込んだのだ。

「インパールやコヒマに、チャンドラ・ボース（インド独立運動の志士）革命政府の新国旗を揚げさせてやりたい」

したがってこのインパール作戦は、「政戦両略の意図をもって火蓋を切られたもので、その政略のうちは、ボース、東條、河辺の強い精神連携があったことは忘れてならない」

と伊藤氏は『帝国陸軍の最後』でいい、さらに「牟田口が最有力の当事者であったことに間違いはないが、遺族の恨みが未だに同中将の上に凝集する実情であるが、それはいささか酷に失するであろう」と釘を刺している。

昭和十九年三月八日未明、第十五軍主力に先行する形で第三十三師団（弓、師団長柳田元三中将）がインパール作戦の行動を開始した。つづいて三月十五日払暁、第十五師団（祭、師団長山内正文中将）、第三十一師団（烈、師団長佐藤幸徳中将）がインパールに向かい、アラカンの峻嶮を越えて突進を始めた。

しかし敵は、この日本軍の動きを察し、態勢をととのえていた。ルイス・マウントバッテン東南アジア連合軍総司令官は、『インパール作戦のために、日本軍が大軍を動かして、西の方、印緬国境に出てきたことは、連合軍にとって、まったく思う壺だった。……北部方面軍に相対峙している日本軍を、どうしたら追い払うことができるかに頭を悩ましていたが、日本軍がはからずも、自発的に動いてくれた。当然、北部方面軍はほとんど無人の境を行くように、長駆ミートキーナに殺到することになる』と記し、さらにこう続ける。『いったい、インパール方面のような山岳地帯で、大規模作戦の補給ができる味方基地付近にまで、敵を引きつければ、きわめて有利なことは、いうまでもなかろう。反対に敵は、安全な後方補給戦をもたず山に入るのだし、その基地からも離れる。……日本軍の力闘によって、時には味方の総崩れかと憂慮したこともあったが、全体としてみると、思いのほか連合軍に有利に展開した戦勢は、日本のためには生命とりになるまでに進展していたのである』（『ビルマ戦線の大逆襲』）

インパール作戦は、牟田口中将が三個師団の兵を率いてインド領マニプール州に進攻し、緒戦は順調に推移したものの、遂には戦いに敗れて悲愴きわまりない退却戦をビルマの原野に繰りひろげた百日間の戦闘である。作戦発動前には輸送機が遭難し、六名の有能な参謀を失ったりもした。また、戦意なしとして柳田中将を罷免した。独断退却を開始した佐藤中将を軍法会議にかけ、さらに山内中将も罷免した。一軍三個師団の全師団長を全員罷免することなど前例のないことが起こったのだった。

余談ながら、このインパール作戦で善戦した将軍がいる。宮崎繁三郎少将だ。宮崎歩兵団長は、コヒマを寡兵よく守り通し、退却命令が下った後は、六百四十名の殿軍《しんがりぐん》を指揮しながら友軍の撤退を助けたのである。『チビと呼ばれるペットのモンキーを右腕にかかえ、戦死した兵は必ず埋葬し、傷ついた兵はタンカで運ばせ、途中、師団主力の病兵を拾いながら、元気を出せ、佐渡おけさをうたおう』（棟本捨三『全史太平洋戦争』）というような人情味あふれる将軍だったのだ。連隊長時代、ノモンハンの戦闘でも宮崎は見事な戦いぶりを見せたという。

作戦発起一ヵ月で、インパールをはじめとして各要所を奪取する計画であったものが、最悪の事態を迎えることになった。すでにインド・アッサム地方は雨季に入っており、河川は氾濫し、補給もまったく絶えた。各兵団とも疲労は限界に達し、栄養失調、赤痢、マラリアなどで兵は倒れていく。遂に作戦は中止され、かつての進撃路は地獄の退却路と化していったのである。ちなみに三大敗退はというと、ガダルカナルとレイテ、それにこのインパールをあげられよう。

## 3

ビルマ作戦は、その主役は第十五軍であったので、北方を守備していた第十八師団（菊兵団）も第五十六師団（龍兵団）も単なる脇役にしかすぎなかった。しかしながら、主役が舞台を降りたために脇役がその穴埋めまでしなければならなくなったのだ。ここで北ビルマ、雲南西辺の防備に任じていた本稿の主役でもある「龍」が表舞台に登場することになる。

ビルマからインドに追いはらわれた米中将ジョセフ・スチルウェルは、ビルマ北方のミートキーナ及び飛行機を奪回すべく全智を傾け尽くしていた。ミートキーナを日本軍が制圧していることは援蔣ルートが機能しないことと同じだった。インドを経て運ばれる援蔣物資を、重慶軍に渡らないようにするにはミートキーナを抑えていなければならなかったのだ。

しかし、ミートキーナを守っているのは丸山房安大佐が指揮する第十八師団歩兵第百十四連隊の二個大隊（一部欠）にすぎなかった。戦闘員七百名、兵站部隊三百十八名、ミートキーナ陸軍病院で入院加療中の傷病兵三百二十名、飛行場守備の第十五飛行隊の百名、総員千四百三十八名がその兵力だった。

五月十六日、戦爆連合の米支連合軍航空部隊は大挙してミートキーナに攻撃を加えた。終日、猛爆撃を敢行する。翌十七日、交通の要衝ミートキーナ飛行場を突如として空挺部隊が襲い、地上挺進隊の掩護もあってこれを占領したのであった。

だがしかし、このミートキーナ市街の争奪戦は、守備隊将兵が善戦敢闘し、よく米支軍を反撃してハンター大佐の指揮するH部隊（K部隊、M部隊と共に「掠奪一家」の異名をとった奇襲攻撃部隊）は、壊滅的損害をこうむったのである。M部隊のガラカット第二大隊にいたっては生存者はわずか十二名であったし、H部隊の第五十連隊約三千名は六百名に減っていた。

もともと東南アジア連合軍最高司令官のマウントバッテンも、中国軍総司令官の蔣介石も、この作戦には乗り気ではなかった。しかし、事ここにいたっては多大な犠牲を払ってでも、あくまでミートキーナを奪取しようと空陸一体となって総攻撃をかけてきたのだ。

こうした状況に立ちいたっては、ビルマ方面軍としても、ミートキーナに救援部隊を投入せざるを得なくなったのである。急派されたのは、第十八師団第百十八連隊第一大隊と第五十六師団「菊」（師団長松山祐三中将）の歩兵団長水上源蔵少将であった。

そうした折、雲南遠征軍は五月十一日以来、第一次攻撃をかけてきたので、「龍」はその主力をもって怒江河岸近くで反撃を加えた。そうして五月十八日、軍命令によって水上部隊の一部はバーモ公路に残され、主力はただちにミートキーナに前進して「菊」師団長

（田中新一中将）の指揮下に入ることになったのである。

そのためナンカンにいた水上少将は、午後十時に主力を率いてナンカンを出発する。ビルマはもう雨季に入っていた。連日の降雨で河川は増水し、濁流が渦巻いて渡河も思うにまかせなかった。乾季のときの道はいまや河になっているのだ。見方によれば、敵の反撃よりも危険きわまりないともいえる。そうしたなか、二十六日夕刻、対岸のグルカ兵約五十名を撃退し、一部の兵力を渡河させた。

二十八日夕刻になって水上部隊主力の渡河は終わった。その後も行軍を続け、五月三十日午前七時、ようやくミートキーナに到着したのである。出発から二週間近くたっていた。

六月初旬、ミートキーナ守備隊は、歩兵第二大隊と一小隊、工兵一中隊のほか山砲四門、野砲二門となり、兵力だけは約二千人の増勢で約三千人となったのである。

ミートキーナ守備隊は、雨季のなか約八十日にわたって、約三個師団の米支連合軍の猛攻に耐え続けたが、戦力の圧倒的な懸隔《けんかく》はいかんともしがたかった。

七月十二日、戦闘機の掩護のもとに飛来したB29爆撃機がミートキーナに猛爆を加えるとともに、米支連合軍の地上攻撃も熾烈をきわめた。しかし、守備隊には弾丸の補給もなければ兵の増援もなかったのだ。北ビルマ第一の要衝であり、二百戸ほどのこの小さな町は、廃墟と化した。衆寡敵せず守備隊は戦死者七百九十名、負傷者千八十名を出したのである。

このままでは全滅はまぬかれない。丸山大佐はミートキーナの持久は不可能だと判断し、千二百名の残兵を率いて東岸に逃れ、マキン高原を新たな拠点として反撃することを水上少将に意見具申したのであった。水上少将はこれを応諾する。しかし水上少将は、軍からミートキーナ死守を命じられていたのだ。従って新守備隊長ひとりで陣地を支えることになったのである。水上少将はそのとき、軍司令官に次のように訣別電報を打った。

『小官の指揮未熟にして、ついにミートキーナを確保することあたわず、最後の段階に達したることお詫び申す。負傷者は万難を排して筏によりイラワジ河を下航せしむるにつき、バーモにおいて救助せられたし』

雨季に入っているイラワジ河は増水し、河幅は千メートルにもおよんでいるのだ。第一日目の渡河は八月一日の満月の夜に行なわれた。そのなかには水上少将の姿も見えたという。第三日目には丸山大佐が渡河を終え、これで千二百名の将兵が無事に渡河を完了したのであった。

この渡河部隊を掩護するために、浅井砲兵中尉が指揮する砲兵約五、六十名がミートキーナの陣地に留まり、米・重慶軍へ砲火を浴びせ続けたのである。とはいっても、四一山砲二門、野砲二門という寂しいものであったのだ。だが、浅井砲兵隊の巧みな掩護砲撃によってイラワジ渡河作戦は成功をみたのである。だがしかし、第四日目に渡河する予定だった浅井砲兵隊は、だれひとり渡ってはこなかったのであった。

太平洋戦争で参謀本部作戦課長として南方戦線の指揮指導を行なった服部卓四郎元大佐は、「丸山大佐は三週間後、部下とともに軍旗を奉じてバーモに辿りついた。八十日にわたるわがミートキーナ守備隊の勇戦敢闘は敵将兵の心胆を寒からしめた」と『大東亜戦争全史』で言っている。

水上少将は部隊の渡河を確認し終えると、ナウンタロー東岸、一本松の根元で拳銃をもって自決、従容として死出の旅に赴いたのである。死後、中将に進級した。

## 4

インパールでフーコンで日本軍が苦戦を強いられていた五月上旬、雲南遠征軍は約十四個師団を擁して「龍」の正面に全面反攻をかけてきた。しかし「龍」は騰越、拉孟、平戛《へいかつ》に堅塁を築き上げ、ここを本拠地として七月上旬、八方から群がりくる敵の侵攻を「燕返し」の戦法でこれを阻止し、追い払うことに成功したのである。ここにおいてビルマ方面軍は、インパールの英印軍に対して持久戦で臨み、蔣介石の雲南遠征軍に対しては攻勢でいくことを決断した。

そのため方面軍は、第二十八軍「策」麾下《きか》の「勇」師団と第四十九師団「狼」の歩兵第百六十八連隊を第三十三軍「昆」の指揮下に配した。そこで「昆」は「勇」の一部でバーモを占領させ、左第一線に「龍」を、右第一線に「勇」の主力を並置して九月三日、龍陵に攻撃を加えている雲南遠征軍に攻撃をかけ、敵の包囲下にあって苦闘を続けている拉孟、騰越守備隊を救い出そうとしたのであった。

これより遡《さかのぼ》る昭和十九年六月二日、雲南遠征軍の第一弾が拉孟陣地に対して撃ち込まれた。守備隊長は、一兵から身を起こし少佐にまでなった金光恵次郎（野砲第五十六連隊第三大隊長・砲兵大佐）だった。守備隊の総兵力一千二百八十名、火砲は山砲二門、速射砲二門、十榴八門。これに対する雲南遠征軍の総兵力四万八千五百名、火器は十五榴四門、十二榴三門、山砲五十四門、速射砲二十四門、重迫撃砲十二門、迫撃砲三百二十門、ほかに針巻山重砲陣地二十四門、総計四百四十一門。兵力比率はじつに四十九・三倍強である。

金光少佐がまず着手したのは陣地の構築であった。丘陵だから林もなければ岩もない。したがって外郭には鉄条網を張り巡らして散兵壕を造ったのだ。それを二重、三重と重ねていき、丘の頂上には複郭陣地を築いた。地下壕でつなぎ合わされた陣地は、十二の陣地の集合体となり、堅固な城と化した。

金光少佐のもとには工兵が派遣されていて、築城したり水道を開設したりしていたのだが、とてもそれでは用が足りない。金光少佐は先頭に立って丸太をかついで丘にのぼった。またみずからノコをとって大木を切った。その結果、十五榴の集中攻撃を受けてもビクともしない築城が成った。それに金光少佐の責任感と人間性とがあいまって、この猫の額《ひたい》ほどの拉孟陣地は、じつに百二十日余にわたって防御することができたのであった。

九月六日午後五時、金光守備隊長の周辺に迫撃砲や機銃弾が集中され、金光少佐は腹部と大腿部に致命傷を負った。銃砲の煙霧の中で金光少佐は部下に抱き起こされたが、隠れるところはもはやどこにも見当たらなかった。死の迫りくる苦しい息遣いながら、金光少佐は最後まで戦闘の指揮をとっていた。ついに七時、金光少佐は息絶えた。ちなみに金光少佐から戦況報告のために脱出を命じられていた木下昌巳砲兵中尉が、農夫になりすまし、二人の部下を引きつれて拉孟陣地を後にしたのはその夜のことであった。

その数日後の九月十三日、冒頭で記述した騰越が玉砕するのであるが、ここで騰越の緒戦、地形などについて紙数を費やすことにしたい。

騰越は県城の所在地であり、雲南省怒江西地区随一の都会であった。騰越平野のほぼ中央に位置し、人口は四万。インドと中国を結ぶ交通路であった。拉孟と違って城郭都市であり、城壁は正方形に近く、周囲約四キロ、高さ五メートル、厚さ二メートル、城壁の外側は石、内側は土で堅固に積み重ねてあった。明の光宗帝時代に築城されたもので、四百年の歳月を経て屹然とその佇まいを見せていた。マルコ・ポーロがアジアへの交通通商の拠点として夢見たという騰越の町は、冬にまれに雪が降るだけで、温暖な気候であった。漢民族が多いが、タイ人、シャン人もいた。

騰越城の両方には南北に盈江《えいこう》が流れ、ミートキーナを経てインドに通じる道路が穀倉地帯、大盈江盆地の中央を貫いていた。

昭和十九年二月、水上源蔵少将が「龍」の歩兵団長に任じられて騰越に赴任した。しかし水上少将はミートキーナに派遣され、兵力が半減した騰越の守備は蔵重康実大佐にゆだねられた。「龍」師団の歩兵第百十八連隊二千二十五名の将兵が三ヵ月後、壮烈な戦いを繰りひろげることになるのである。

五月十一日の黎明時、雲南遠征軍の第百三十五師の主力、第百九十八師と予備第二師の有力な部隊が空と陸からの砲撃の掩護のもとに、ビルマ反攻をめざして怒江の渡河を始めたのである。蔵重連隊の各部隊は猛り立つ気持を抑えながら、敵の来るのを待っていた。

蔵重部隊は渡河部隊を大塘子、冷水溝で撃破したが、敵は蔵重部隊が寡兵であることを知って、各所に渡河点を築いて押し寄せてきた。日隅大尉指揮下の第二大隊は、馬鞍山、冷水溝に在って雲南遠征軍の侵攻を防ぎ、宮原少佐麾下の第三大隊は大塘子に在って敵を迎え撃っていた。だがしかし、食糧も弾薬にも事欠く第二大隊は、敵の大兵力の前に包囲され、危機的な状況に陥った。

五月二十七日、師団司令部は、歩兵第百十三連隊長松井秀治大佐に蔵重部隊への協力を命じた。蔵重部隊長は援兵を指揮して、全滅の寸前にあった児玉中尉以下八十六名を救出したのであった。

スチルウェル軍事顧問団の米軍将校は、冷水溝の日本軍との戦いの実相を次のように書き残している。

「日本軍は十分に構築された陣地によって頑強に抵抗した。これに対し中国軍は絶望的な戦闘の末、十日余を費やして、やっと日本軍を峠から撃退した。

当初、正面から力攻をくりかえした中国軍は、懸命な努力にもかかわらず、陣地を抜くことはできなかった。やむを得ず米空軍第五十一戦闘機隊が出動し、ロケット弾、破片爆弾を使用、あたかも直協砲兵のように地上部隊と協力、日本軍陣地を爆撃した。雨季が近づくにつれ、天候は悪化し、高地上では雨がみぞれとなって、中国兵の服をぬらした。また豪雨は、兵站線を洗い流すほどの脅威を示し、荷駄縦列の補給では、第一線を養うことができず、五十四軍将兵は、餓死線上にあった。五月二十六日、第二十七輸送中隊が雲南駅に到着したので、数トンの弾薬、米その他を空中補給してしのいだ」

六月三日から十日までは、天候が悪く飛行も中止された。米支軍ともに筍や家畜でくいのばし、あるときは虎を射止めて食糧にしたこともある。

六月十一日、中国軍はようやく冷水溝陣地の最後のトーチカを破壊した。陣地には七十五名の日本兵の戦死体が残されていた。

「日本軍の射撃は正確で、無駄弾は撃たない。偽装も巧みで完璧であった。日本兵は少数であり、包囲されても、また補給を絶たれても、降伏の気配さえ示さない。これに反して中国軍は、犠牲の多い正面攻撃で、限りない人員と弾薬を浪費した」

雲南遠征軍は、衛立煌大将の思惑通りにはいかず、第一次攻撃に失敗したのであった。

六月十二日、雲南遠征軍は第十一集団軍の総力を結集して第二次攻撃を開始した。敵の目標は拉孟、鎮安街、龍陵、芒市であった。この日、蔵重部隊は橋頭街に進出した。

六月十三日、新たな敵の重囲下にあった冷水溝守備隊蔵重第二大隊を救出するため、蔵重大佐は決死隊を編成し、敵陣を突破して第二大隊と合流することができた。

この広大な北ビルマの防備を、怒江よりの東北方から中央にかけては「龍」(第五十六師団)

が、中央から北西方一帯の地域は「菊」(第十八師団)が担当していた。その「龍」が防衛の任にあたっていた地域は、三個集団(六個軍・十七師団)の雲南遠征軍の兵力とアメリカ支援空軍の猛攻を一身に浴びなければならなかったのである。

六月十五日、松井連隊は江萱街南方で第五十三軍主力を撃破し、龍陵守備隊と合流した。また蔵重連隊は瓦甸街に兵力を結集させた。第二十集団の主力は損害をこうむりながらも、続々と新兵をくりだして蔵重連隊に迫ってきた。そこで蔵重大佐は、騰越死守は師団命令であったから、戦線を縮小し、騰越近くに陣地を築きあげることを決した。騰越城を複郭陣地とする九十日間の籠城戦がいよいよ始まったのである。陣地構築は昼夜兼行で続けられた。

六月二十四日、師団司令部から蔵重部隊に、宮原少佐指揮下の第三大隊の抽出を命じてきた。師団は蛛渺《ばんびょう》会戦を企図していて、そのため宮原大隊を引き抜いたのであった。蔵重大佐は宮原大佐が守備することになっていた飛鳳山陣地を放棄するなど、陣地配備の変更を余儀なくされたのだ。

六月二十六日、遠征軍部隊間の交信を捉えた。それによると、敵は守備隊の兵力を倍の五千と見積もっていた。

六月二十七日午前六時、遠征軍砲兵の第一弾が来鳳山陣地で炸裂した。遂に総攻撃が始まったのだ。

六月二十八日午後、第百九十師の二個大隊が高良山陣地によじのぼった。守るのは副島准尉以下の二十五名だった。彼らは三日間、敵の攻撃に耐えて戦い続けたが、十二名が戦死を遂げた。二十九日朝、中隊長から後退を命じられた副島准尉は、夜陰に乗じて負傷者を脱出させると、自身は重い傷を負っていたが、単身で斬り込んでいった。副島小隊は陣地を敵に奪われたが、他の外郭陣地は善く戦い、一歩も退かなかった。

七月十九日、戦爆連合の敵航空隊は、南部方面の主陣地の松陣地に反復飛来し、爆撃の雨を降らせ、銃撃を加えた。

七月二十三日、この日は敵が騰越城に初弾を放ってから約一ヵ月近くたっていたが、雲南遠征軍の補給、攻撃の態勢は万全なものになっていた。北に百九十八師、西北部から三十六師、予備二師、東方部から百十六師、百三十師の五個師団四万九千名の大軍が包囲網を築きあげていたのである。守備兵は守備陣地をめがけて飛んでくる、容赦のない鉄塊の洗礼を浴びなければならなかった。特に第百十六師、百三十師は、火焔放射器、手榴弾、擲弾筒まで使用して猛攻を加えてくるのだ。

七月二十六日、戦爆連合の大編隊五十七機が陣地上空に現われ、猛爆を加えてきた。それが終わると、今度は戦闘機が銃撃を浴びせかけてくる。砲攻撃は一日五千発に及んだ。来鳳山陣地を守備する成合大尉指揮下の守備兵は、この猛攻に耐えて戦い続けた。多大の犠牲を出したものの、敵の攻撃を許さなかったのだ。しかし食糧も弾薬もすでに尽きた。遂に蔵重大佐は成合大尉に陣地の放棄を命じた。

七月二十七日夜、もはや玉砕するしかなかった成合大尉以下、生き残った守備兵は城壁陣地に下がることになった。敵の攻撃が始まってからちょうど一ヵ月目のことだった。

七月二十八日、松山師団長は蔵重大佐に、師団主力が龍陵会戦を戦っている間は膽越を死守することを命じた。だがしかし、ひとりの兵の増援もなければ、一発の弾丸さえも送られてはこなかった。

八月二日、敵の総攻撃が始まった。砲兵が城内に巨弾を撃ちこんできた。その数三千発。空からの爆撃の後、六十機もの戦闘機が低空から銃撃を加えてきた。城壁は弾痕だらけになり、そのうち崩れ出したりもした。一進一退の攻防が繰りひろげられた。敵は城壁に突破口をひらこうと、爆薬をしかけて城壁を突破しにかかった。銃眼めがけてロケット砲までが撃ちこまれた。

八月三日、南西角のトーチカが破壊され、そこから敵兵が城内に突進してきた。日隅大尉の一隊は夜を待って逆襲に転じ、敵を城外に追いはらった。この日、ミートキーナが陥落する。

八月四日、敵はさらに攻撃隊を投入し、城壁に突破口をつくろうと猛攻を加えてきた。だが、守備兵は数度にわたる肉薄攻撃を退け、敵の突入を阻止したのである。

八月五日、打開できない状況に業を煮やした敵は、戦闘機の掩護の下にB25二十五機を繰り出し、城壁めがけて弾丸の雨を降らせたのだった。さしも頑丈な城壁も、遂に十数ヵ所も破壊されたのだ。守備兵一千余人は突破口から侵入してくる敵を迎え撃ち、白兵戦で斬りまくった。破壊された箇所の修理を行ないながら戦い続けたのだ。

八月十二日、城壁上を敵の一部が占領した。早瀬隊は銃剣を繰り出して敵兵と戦った。あちらこちらで死闘が繰りひろげられた。この日、李師長は霍中将に電文を送った。「白兵をもって激闘すること数度、わが傷亡甚大にして、城壁上から陣地を撤す。本日来の戦闘で、第二大隊約五百名は長以下傷亡しつくせり」と。

このように、地上からの攻撃では陥せないと考えた雲南遠征軍は、城壁下に坑道を掘りはじめた。坑道から城内への侵入をはかったのだ。

八月十三日早朝、戦爆連合の敵空軍は二十四機をもって猛攻を開始した。空からは爆弾の雨が降り注ぎ、地上からは砲兵群の砲撃、火焔放射器、手榴弾での猛攻だ。そのうえ地下からはモグラ戦術である。

守備兵は地下壕にひそんで砲弾のやむのを待つしかなかった。そうしたさなか、北東城壁内の連隊本部に直撃弾が投下され、城壁は木端微塵に打ち砕かれたのだ。そこが蔵重部隊の本部であることを知っての爆撃であったに違いなかった。

この爆撃で蔵重大佐は壮烈な戦死を遂げた。そのとき同時に三十二名の将兵も命を落としたのだった。これ以降、蔵重大佐にかわって先任将校の太田正人大尉が指揮をとることになる。

八月十四日朝、第二次総攻撃が始まった。空・砲爆の掩護の下、雲南遠征軍の猛攻は一段と激しさを増してきた。白兵戦は五時間にわたって繰りひろげられた。将校三名、兵三十数名が戦死した。翌日もその翌日も、敵は雲霞のように四方から押し寄せてくる。その敵を銃剣で刺し、軍刀で斬るのだ。しかし、撃てど倒せど殺到してくる敵の人海戦術には手の施しようもなかったのである。十七日の夕刻になって、南西角陣地の守備兵は全員戦死を遂げた。

八月十九日、第三次総攻撃が開始された。だが、新鋭師団を投入してきた敵の攻撃方法がまったく変わったのである。やみくもに突進してこなくなったのだ。一つの地点を手に入れる。すると障害物を排除し、交通路を造って連絡路とする。じつに手堅い戦法に切り替えたのだ。

すでに騰越飛行場も敵の占領するところとなっていた。敵の飛行機が守備兵の目の前で離着陸をし、乱舞するさまを、ただ切歯扼腕して見ているしかなかったのである。

八月二十日、太田隊長が松山師団長に無電を打ったことは前に触れた。相良俊輔氏はその著『菊と龍』の中で、この電文についてこう記している。

『なんという謙虚で、思いやりのある電文であることか。おやじを思う息子の心情があふれている。しかも、自信に満ちているのだ。読むものをして胸をうつのは、「ただ欲しきは手榴弾のみ」といい、あとはなにも求めようとしないのである。涙なしでは読めない一文である』と。

八月二十一日、敵はこの日も戦爆連合の大編隊で来襲してきた。乱舞する敵機は延べ百機におよんだ。その爆撃によって七ヵ所の城壁が破壊された。また敵の砲兵軍もこれに呼応して猛爆撃を加えた。この日、撃ち込んだ弾丸は一万五千発という。守備兵はいまや六百四十名になっていた。糧秣は数日分しかない。城内の三分の一は敵の手の中にあった。

八月二十二日、第百九十師の主力が、西門付近とイギリス領事館付近に侵攻してきた。午後になって西門は敵手に陥ち、守備兵の拠点となっていたイギリス領事館も奪われた。遂に誇越の命数も尽き果てようとしていた。わずかに残っていた守備兵の拠点も、次々と敵の支配するところとなっていった。そうして玉砕の日を迎えることになるのである。

イギリス第十四軍司令官スリム中将は、「ビルマ戦線の日本軍の勇敢さはまさに史上その例を見ざるもの」と激賞している。また『公刊戦史』（防衛研修所戦史室編纂）は、ビルマ作戦についてこう記している。

『作戦指導上幾多の問題を残しながらも、なお日本軍の精華を中外に発揚し得たものは日本軍将兵の敢闘精神であった。ビルマの奪回作戦に精魂を傾けて戦った英国軍は、マウントバッテンを中心に戦友会を結成しているが、その会合で語り継がれている言葉は「日本軍は強かった」ということである』

（西廣久著『母上様』所収　筆者＝無署名　二〇〇八年一月三十日　元就出版社発行）

# 第五部——追憶

# 一『私家版　鳥政の酒』（二〇〇〇年八月）

## ＊最終電車の人

その頃、私は東武東上線の池袋発最終志木駅行きに乗って帰るのが常だった。酔客で溢れる池袋駅のホームでいつも見かける、色眼鏡をかけたゴツイ感じの男の人に私は魅かれた。その人は決まって最後部の車輌に乗るのだが、改札を入ってそこに至るまでに、実に多くの人から声をかけられるのだ。はて、この御仁は何を生業にしているのだろうか、と酔眼を凝らしても判る訳がない。加えて車内での面倒見が良いのだ。

ある時、小間物屋を開いた女性がいたのだが、直ぐさま声をかけ、汚物に新聞紙を集めて被せるなど、手際良く事を納めた。

また、一人でも多くの人が座れるように意を払ったり、いさかいがないように目を光らせもしていた。この当時、沿線の客筋は必ずしも良好とはいえず、一触即発の危機は常時あったのだ。その中で正道を通すことは、勇気のいることだったろう。

それらが縁で、私は店に寄生することになるのだが、その人が私の中学の二年先輩であったとは、わが身の幸運を思わずにはいられない。その上、夫人は幼稚園の同級生なのだ（先輩とママにとっては凶運なのだろうが）。

これからも、武道の末端に連なる者としての矜持を失うことなく、酒に飲まれないように「鳥政会」の一員として、この世の生を全う出来たらと念願しております。変身また変身！

## 二 『私家版 川っぷちの酒』（二〇〇八年十一月）



### ＊「鳥政」は揺りかごだった

さて、何から話したらよいか。山ほどあるんだが……。

そうだ、長島正治先輩のことから始めましょう。なんたって、先輩はあたしが麹町中学一年の時の三年生だったんだ。あの学年は個性ある人が一杯いたな。女優市川和子、俳優岸田森、大相撲の成本、政治家加藤紘一、保岡興治らだが、先輩は彼らと親交を続けていましたよ。もっとも、先輩その人も柔道部をつくった有名人の一人だったんですがねえ。

あたしが鳥政に顔を出すようになった経緯は、六十周年誌に書いたんで省きますが、とにかく、先輩には迷惑掛けっぱなしという思いが拭えないんですな。だけど、よく見放さずに面倒をみてくれたと思いますね。口幅ったいよう

2000 年 2 月、鳥政店主と筆者。栖原イズミ氏撮影。

ですが、転職を重ねているあたしが、今の職場（潮書房／光人社）でまだ重用（?）されているのも、先輩の助言と激励があったからなんですよ。自信を失くして人見知りのきらいがあったあたしが、積極的に人に会うようになったのは、先輩に背中をおされてのことだったんですな。本来なら退職金の半分でも渡さなければならないところなんですが、余りに小額だったものでご勘弁を願いました。

ここで先輩の奥方！　ママさん登場ですな。名門九段幼稚園のなんと同級生なんですよ。当時の写真を見ますと、ママさんとの体格差は歴然としておりまして、小柄のあたしは［女番長］によく面倒をみてもらっていたような、ないような……。それが鳥政で再会する事になるとは。人の縁の不思議さを感じますな。

そのママさんに［愛の鉄拳］をカウンター越しに頂戴した事があったんだが、そういう風に親身になってくれる人ってのはそうはいませんや。取り違えられたカバンをわざわざ休みの日、届けてくれたこともあったしね。

思い出は尽きないな。鳥政で酒を酌み交わした酒友の顔が次々に浮かんでくるんだが、逝った人も含めて皆いい人ばかり。まあ鳥政はあたしの人生そのものだったと思いますよ。

## 三　作家佐藤和正氏への弔辞（一九九一年十月）

＊弔辞

いま、こうした形で、こんなにも早く先生にお別れの言葉を申し述べることになろうとは思いも及びませんでした。ただただ先生と私を隔ててしまった人間という存在のはかなさを思うばかりです。

また先生がどんなにか奥様を大事にされていたかを思う時、その思いは更なるものがあります。人の命には限りがあるとは分かっていても、先生に逝かれた、遺された者たちの心に、抑えようとしても深い悲しみや寂しさが募ってくるのをどうすることも出来ません。思えば担当編集者として、先生の身近にあって八冊の単行本及び雑誌連載のお手伝いをさせて頂けたことは、私にとって大変嬉しく名誉なことでした。私はそうした触れ合いの中から多くのものを学びとることが出来ました。その有難さは、生涯忘れることはありません。

一昨年の暮れ、先生はこう言われました。

「名著といわれている伊藤正徳の『帝国陸軍の最後』も、もう今の若い人には理解できなくなっている。彼らが興味をもって読める伊藤作品を越えたものを書きたいんだ」と。

書き始めれば、原稿用紙五千枚という大変な仕事になるのも意に介さず、淡々と話される、その時の先生のお顔には充実したものが漲っていました。ただ初めから書下ろしということでは、いろいろな面で大変なので、骨格部分の七百枚位を連載し、残りを書き下ろされるということにして、雑誌での執筆が始まったのです。

ところが、昨年の十一月に突然、先生は入院されることになり、私は連載中断もやむをえないとの覚悟もしました。しかし、先生は二回に及ぶ手術をうけたにもかかわらず、連載を中断されることなく執筆を続けられたのです。それだけではなく、〆切に遅れることもなく、作品の質も落ちることはなかったのです。病気と闘いながら、弱音を吐くことなく病床で原稿用紙に向かわれる先生の姿に鬼気を感じるとともに、その作家魂に打たれました。

その、頑張り通された先生は、四月に退院はされたものの五月には痛みがひどく、食欲もなくなって執筆に難渋している様子が窺い知れました。そこでこちらから一時休載をおすすめしたのだったですね。責任感の強い先生は雑誌に穴をあけるのを危惧されて了承されたのでした。

そうして七月下旬を迎え、お見舞いに伺った時、先生はベッドに座して筆をとっておられました。病室の入口で私は、しばらく先生の横顔に見入っていました。それから歩を進めて先生に声をかけたのですが、先生は何気ない風に私を見て「ちょうどいま書き終えたところだ」といって原稿を指さされました。それも二回分の原稿だったのです。私はその凄さに圧倒され、その時言葉を失っていました。

いま、在りし日のシャイだった先生との、あの日、あの時が懐かしく思い起こされます。御自宅に呼ばれ奥様と共に歓待をうけた楽しいひと時、明け方まで酒を汲みかわし、文学や人生を語り、時にはカルーソーがお好きだった先生の美声にも酔うことが出来ました。

もうそうした黄金の日々は戻ってきません。一緒に仕事も出来なくなりました。お酒を飲みかわすことも語りあうことも――。しかし、先生の姿は、心は、私の中に私の生ある限り生き続けるでしょう。また先生の残された作品は消えることなく、次代に読み継がれていくと確信しています。私もこれからもそのお手伝いを続けてまいります。

先生、いずれ私にも死は訪れます。その時はまた一緒においしい酒を飲みましょう。またお目にかかれる日まで、安らかにお過ごしください。

平成三年十月四日

光人社編集部
牛嶋義勝

## 四　『高橋辰雄追悼文集　辰っあん』（一九九〇年二月）

＊「桜と錨」

ここに一冊の本がある。カバーには油彩で軍艦が描かれており、「桜と錨」という表題がついている厚表紙の本である。「わがネービー三代記」の副題からもわかるように、この本は、高橋辰雄さんの自伝的海軍興亡の物語なのである。

「桜と錨」のあとがきの中で、高橋さんは、この本の出版の経緯に触れている。

「昨年の夏（注、昭和六十一年）のことだった。

私は知人の葬式で、友人の幾瀬勝彬（注、作家）と会った。私はかれに父の日記のことや、海軍三代の家系の話をした。幾瀬はその話を光人社の牛嶋義勝氏に話し、そこからこの本が生まれることになった」

見本が出来上がった一夜、有楽町の焼き鳥屋で焼酎のお湯割りを飲みながら、高橋さんの暖かい人間性に触れた。そして同時に、高橋さんの創作に寄せる熱い思いに胸を打たれた。次の執筆は、太平洋戦争時の輸送船団の戦いを、陸、海、民間のそれぞれの立場から、立体的に描くということに決まった。こうした視点から描かれたものは、これまでにはなかったからで、高橋さんの着眼点の良さに感心した。

取材が始まり、執筆活動に入った。翌年九月、私の手元に第一稿が届いた。十日ほど経って、高橋さんから電話があった。慶応病院に入院したという。急いで御見舞に伺ってみると、高橋さんは事もなげに、「喉頭ガンなので手術することになった」と言う。その淡々とした挙措に、私は古武士を見る思いがした。

第一稿は術後の体調不十分を冒して大幅に書き改められ、平成元年四月、最終稿が出来上がった。しかし、故あって私は手を染めることが出来ず、旧知の山下三郎さんが主宰する図書出版社に話を持ちかけ、「護送船団」としてその年十月に刊行された。

高橋さんの書きたいテーマは幾つもあった。予備役になってから以降の父上のこと、海軍経理学校の同期の桜たちのこと等々。じつは高橋さんは、「護送船団」脱稿の後、自らも携わった「復員輸送」の取材を始めていたのである。

再度の入院の後も、「復員輸送」だけは是が非でも書き残しておきたいと、執念にも似た意欲を見せていた。しかし、病魔には勝てず、旅立たれた。「桜と錨」という代表作を残して……。

## 五 『高木惣吉先生を偲ぶ』（一九九一年七月二十七日）

**＊叱られたこともあった**
私の手許に一通の手紙がある。高木惣吉さんから頂いた最後の便りである。

『前略
「あとがき」「参考文献」「著者年譜」初校立派で余り朱を入れるほどのものはありませんでした。御骨折りを感謝します。

紀氏の「史話・軍艦余録」も紀氏から高城社長に深謝の件を依頼されています。御鳳声下さい。

幸い老軀只今までのところ恙なく著書刊行までは元気で頑張りたいと念じています。高野（注、弘。「丸」編集長）氏にも幾重にもよろしく御伝言下さい。

怱々

六月十五日　高木生

牛嶋様

』

この手紙の日付は六月十五日になっているのだが、実際には六月七日に投函されている。消印が同日付であるうえ、封筒の裏に、住所、氏名、電話がセットになったゴム印が捺されていて、その左隣に「七九、六、七」と自筆で記されているからだ。単なる誤記なのであろうが、今となっては分からない。

この手紙を頂いたのは、『自伝的日本海軍始末記』の続篇を手がけ、その大詰めを迎えていたときである。前作『自伝的日本海軍始末記』は昭和四十六年（一九七一年）六月に刊行されているから、既に八年の歳月が流れていることになる。

正篇で触れられなかった終戦工作等については、続篇で明らかにしていく構想はあったのだったが、高木さんは、

「読者に忘れさられるまで続篇を執筆し、発表しなかったのは、著者の健康も無関係ではないが、最大の理由はその意欲を失ったことであった」

と、続篇のあとがきで記しているように筆を起こしていなかったのである。

それが昭和五十四年の三月初めだったと思うが、『私観太平洋戦争』『連合艦隊始末記』

等を小社で復刊したくお願いした折りに、続篇の原稿が既に出来上がっていることが分かったのである。いつ頃から執筆を始め、脱稿したのはいつだったのかは聞き洩らした。それまで続篇についてははっきりした感触が得られず、思いがけない吉報であった。半ば諦め忘れていたからだ。まさにタナからボタモチといった状況だった。

勇躍、汚名挽回とばかり気を引き緊め、編集にとりかかった。その理由は後で分かる。そうして続篇の見本が出来上がった。私はまだインクの香の残る本を持ち、茅ヶ崎に参上した。亡くなられる一ヵ月ぐらい前のことであったろう。高木さんはワインを用意して待っておられた。本を前に二人で乾杯をした。喜んでおられるということが私にも伝わってきて嬉しかった。

初校ゲラが出てから最終校了を迎えるまで、ときおり体力の衰えを口にされていたので、何とか御元気なうちに本を完成しなければとの思いが強かっただけに、間に合ったという喜びで感慨ひとしおだった。

私が高木さんに初めてお目にかかったのは、『自伝的日本海軍始末記』の単行本化の際であった。それまでは面識はない。

雑誌「丸」の連載が終わり、単行本にすべく新たに組みつけを行ないゲラ刷りが出来上がった。その第一校のゲラに目を通して頂くため茅ヶ崎に送った。送付することについては、既に了解もされているということであった。しかし、私はまだ面識もないこともあり、礼を失してはと便箋に万年筆で「とりあえず、御送りさせて頂きます。御連絡致していると思いますが、改めて御挨拶に伺います」旨を記して投函した。

ところが数日後、雑誌編集の高野のところに、激怒した高木さんから電話があった。「ゲラ刷りを送りつけるとは何事か」ということだった。そのうえ悪いことに、郵送料も不足していて、不足分を高木さんが払うことになったことも、立腹の一因となったようだった。急遽、高野と私は茅ヶ崎の御宅にお詫びに伺うことになった。そのとき初めて高木さんに会ったのだが、それまでも写真で御顔には馴染んでいたから前々からの知り合いのような気さえした。高野は非礼を詫びた。その側で私は黙って頭を下げただけだった。高木さんの怒りはもう解けているようであった。

話は四方山に変わった。ある海軍の将官の名が高野から出たとき、高木さんの顔つきが変わるのが分かった。顳顬がピクピクと痙攣し、声音が高くなった。高木さんにとって許し難い不快な人物であったのだろう。

ところで、「始めよければ終わりよし」というが、私の場合はこの逆であった。『自伝的日本海軍始末記』が出来上がったまではよかった。それを一読された高木さんから、またお叱りを受けたのだ。今度は高野に宛てられた封書の中に、怒りの因はあった。

「こんなに誤植の多い本は、いまだかつて見たことはない。編集校正は素人がやったのだろう。編集者失格だ。岩波書店はこんな不様なことはしない」

そこに記された文字とその行間から、怒りに震えている高木さんを垣間見る思いがした。編集者としては一言の弁解の余地すらないであろう。恥ずかしい思いと情けない気持が交錯した。著者に対して、また読者に対して……。

だがしかし、そのとき私は私自身を棚にあげて、「岩波書店云々」の高木さんの言辞から権威主義的臭いを感じ、反発を起こさせたのも事実であった。それまで出世主義、教条主義とは無縁の異端の反骨児のイメージを抱いていたからだ。考えるまでもなく、知識、文化への憧憬は強いものがあったわけであるし、アカデミシャンでもあったわけだから、「岩波書店云々」の言に何も違和を感じることはなかったのだ。

話は変わる。高木さんについて忘れられない思い出がある。いつだったか日時の記憶はないのだが、茅ヶ崎にお邪魔し、御高説に耳を傾けているとき、唐突に「ところで松下芳男（注、軍事史家）さんは、ずいぶん年回りの違う若い奥さんと暮らしているそうだね」と、私の眼を覗き込むようにして言われた。思わず私は高木さんの真意を測りかねるように高木さんを見つめなおした。その表情は柔和で、私の眼の前に悪戯っ子が座っているような錯覚にとらわれた。

それから高木さんは、こうも言われた。「どういうふうなんだろうね、若い奥さんと一緒の生活というのは……」

実際に私は松下さんを三鷹の御宅にお訪ねしたとき、夫人にもお会いし、その若さに目を見張った覚えがあった。そのときの高木さんの言葉の調子には、松下さんを羨ましく思っていることがほの見えたが、また興味津々という趣も窺われた。私は高木さんの人間的一面に触れる思いがし、近しいものを感じた。このとき高木さんの脳裏を、亡き夫人との楽しかりし歳月が一瞬、去来されたことであろう。

さて、昭和五十四年（一九七九年）七月に刊行された『自伝的日本海軍始末記』の続篇のあとがきに、次の一文がある。

「物豊かにして心を失う。わが国の経済は復興し、国民生活は幾層倍したが、民族としての歴史も、伝統も、信仰も弊履のごとく見すてられた印象を受けた。……自らを顧みれば余命まさにいくばく、仮りに今世にて、吾に耳をかす人なくとも、後代いずれの日にか同憂の士に恵まれて、その共感を呼ぶこともあろうかと思いなおし、海軍最後の悲痛なる日の回想を筆にしたのである」

この高木さんの悲痛なる魂の叫びを聞くとき、私は高木さんの謦咳に多少でも接しえた者としての責務を感じる。それにもまして、高木さんが懐かしく私の前に立ち現われてくるのを意識する。今更ながら、私の人生で忘れることの出来ない大きな存在だったのだと、しみじみ思う。

# 附——沿革と取材

# 1

聯合プレス社の月刊雑誌「丸」が創刊されたのは一九四八年（昭和二十三年）二月のことだ。この雑誌はその後、一九五四年（昭和二十九年）三月に潮書房に引き継がれる。当初は総合雑誌だったが、太平洋戦争の敗戦直後のことでもあり、太平洋戦争関連の記事を特集した号はよく読まれるという事実があった。加えてこの戦争を検証することの必要性から、戦記・軍事専門誌に収斂していった経緯がある。

誌名の「丸」は「球面体＝Ｒｏｕｎｄ」で、受信・発信がどこからでも自由自在、ということから来ている。現代史家リデル・ハートは「平和を欲するなら戦争を理解せよ」の名言を残している。「丸」誌のコンセプトも戦争の実相を右顧左眄することなく、冷厳、客観的に正視するということがその根底にある。

誌面は編集部員が自ら企画し、取材したものを記事として纏め、それを基本としてつくられた。だが次第に依頼原稿が多くなっていく。記者は作家の牧屋善三、詩人の別所直樹、映画評論家の斎藤龍鳳、小川徹、作詞家の藤間哲郎らが在籍していた。月刊「丸」の歴代編集長の中で三十数年にわたってその重責を担い、独自の地歩を築きあげ、紙価を高らしめてきた高野弘氏と編集長を側面から支えた竹川真一副編集長の功績は大きなものがある。発行部数は公称七万部を数えた。

その後「丸」編集部は、高野氏退職後に編集長となった博覧強記の竹川真一氏のもとで、取材能力に長けた菊池征男氏、執筆者に愛された剛直な茶山信男君、航空機メカに造詣の深い室岡泰男君、地道な「軍事オタク」の真下潤君、情報文化に滲透し行動力のある岩本孝太郎君（現「丸」編集長）が一丸となって、外部スタッフと共に読者の期待に応え続けてきた（一九六〇年代には洋画家を目差す石川さん、「織田作」に傾倒する峰崎君らも在籍。平均年齢二十七歳）。

余談を一つ。学生時代のひと夏、潮書房でアルバイトをさせてもらったことがある。倉庫での返品整理、品出し、「1ｍ戦艦大和の模型」等の荷造り発送が主な仕事だったが、時折り原稿や洋画配給会社に広告版下を受け取りに行くこともあった。社長の高城さんを見かけることが少なかったので、廻りの人に聞いてみると、自宅書斎で原稿を書いているということだった。編集長の笠原さんは厳しい一面も見せたが、他の編集部員、営業の高橋さん、経理の女性浜岡さん、広告担当の日岐さんら皆、優しかった。怒号が飛び交うこともあったが、概ね自由で和やかな雰囲気に包まれながら働くことが出来た。後釜には同じ歳の相沢徹（後に映画プロデューサー）君が座った。

余談をもう一つ。高城社長の直話。「安保騒動の最中に編集部員の一人が安保反対のデモに参加し、一晩留め置かれた。翌日、引き取りに行った」と。

ここで少しく脱線する。一九六九年（昭和四十四年）の暮れも押し迫った頃、上野駅至近の弘済印刷で、編集者と組版の現場を直結させる「出張校正」なるものを初めて経験した。

隔月刊誌「丸エキストラ版」の最終の校正刷りをチェックするためである。この雑誌は主に月刊誌「丸」で好評だった読物・記事を集めて編集される。見様見真似で割付けを行なったが、いよいよ責了＝「責任校了」という最終段階となる。出張校正室で二日間、一人で悪戦苦闘していると、「丸」誌の校正方法などを熟知し、文選工、植字工を束ねる熟練の上田職長が、ゲラ刷りの戻りが遅いこともあり、見るに見兼ねて校正室を覗き、声をかけてくれたのだ。

夕刻、無事に校了になったことを営業担当の森川さんや永寿さんに伝えるとともに、現場に出向いて上田さんにも報告した。すると、上田さんが「初めての出張校正だ。一杯やろう」と言う。印刷所近くの居酒屋にでも行くのかと思ったら、上野駅ガード近くの酒屋だった。コップ酒で乾杯し労を犒ってくれた。不安を抱いていた新前記者にも、一筋の灯りが見えたような気がした。ぶっきらぼうだが、心根の優しい、今は亡き上田先輩の顔・声が蘇ってくる。お蔭様で編輯子人生を完走できた。ありがとうございました。

一九七〇年代には多種多様な雑誌がつくられた。艦船・軍用機写真集「丸グラフィッククォータリー」、艦艇写真集「丸スペシャル」、軍用機解剖誌「丸メカニック」、読物が主の「問題戦記」であり、熱心な読者に支えられてきた。加藤辰雄氏、岡田章雄君が編集に当たった。また「丸エキストラ版」も好評で、引き続き編集・発売されていた。大木主計氏、張替政展君が担当した。潮書房では、創立当初から高城肇社長の「人や時間に管理されるのではなく自発的に行動せよ」との考えからタイムレコーダー等はなく、出勤時間も自主性に任されていた。

一九六六年（昭和四十一年）三月に、書籍の出版社「光人社」が設立された。光り輝く人間が主役の、無味乾燥を排した文芸書の香りを持つ出版物の刊行をめざしたのである。いわゆる［戦記物］を核に、幅広いジャンルの出版物へと拡がっていく。

飄々とした趣のある川井純夫氏、校正能力に秀でた編集長内海勉君、著者・画家の信頼厚き気骨の川岡篤君、進取の気性に富む飯田邦幸君、熟慮断行の坂梨誠司君、朴訥な気風の小山一志君、集中力抜群の才人高橋和浩君、才気煥発、個性豊かな畠山尚君、細心にして大胆、可能性を秘めた鶴野智子さん、製作部門では広告製作、用紙の発注、刊行物の進行等を担った理数系、理知的な高城二生君。——各々の個性が相俟って「考え方を売る」光人社の本（新刊・月六点刊行）が産み出されていったのである。

一九九二年（平成四年）十二月に取次の後押しもあってNF（ノンフィクション）文庫（新刊・月三点刊行）が創刊された。その後、書籍編集部から抜擢された編集センス随一の文庫編集長藤井利郎君が、未知数の若手、小野塚康弘君（現NF文庫編集長）の潜在能力を巧みに引き出しながら文庫の多様化を計り、新刊・月五点刊行へと定着・発展させてドル箱になっていく。なお営業部には、書店員との絆を深める南雲雅利営業部長のもとに少数精鋭、二人の若者がおり、刊行物の販路拡充に日夜奔走していた。誠実で芯の強い小嶋健一君、明朗で信念を貫き通す田口武君である。先に岸田勝茂氏、福島亮平君、川島重成君、大野達也君、吉田真一君、韮沢潤さんらが所属していた。

二〇一七年（平成二十九年）十一月一日、フジサンケイグループの一員・潮書房光人新社として設立され、活動を継続している。

ここで高城肇社長の直話——。「丸」を引き受けた頃、笹川良一（右翼活動家・社会奉仕活動家）氏から、資金提供等の申し出があり、笹川さんと会った。しかし鄭重にお断りした。「わが社は独立独歩、熱烈な読者もついている。雑誌の売上げ金で充分に運営できる。御心配無用」と。——後年、編輯子は大手新聞社の友人から、「お前のところは、笹川から金を貰っていたんだってね」と言われて言葉を失った。いまだに事実無根の誤情報が罷り通っていて、しかもそれを真実だと思い込んでいることに——である。嘆息せずにはいられなかった。

余談——。「光人社の本は90％以上がロングセラー」というのが新聞広告掲載時の謳い文句であった。当初、新聞社から校正刷りの段階か出稿時だったか、「誇大広告ではないか」という指摘が広告代理店を通じてあった。広告製作にも当たっていた編輯子が、その証左となる刊行物のデータを提示すると、すぐに先方は納得して問題は解決した。

閑話休題。

## 2

取材は単独の時もあれば、作家と同行ということもある。陸軍最強兵団「菊」と「龍」の戦いを描くために、相良俊輔氏と北九州を訪れた。一九七一年（昭和四十六年）九月末のことだ。

中洲で鋭気を養って翌日、約束を取りつけていた兵士たちを訪ねて話を聞く。相良氏とは別々の行動で、龍の戦友会会場で合流した。

会場に入ると、よそ者の疎外感に直面した。だが時間の経過とともに溶けこんでいく。初めて戦友会に参加したという兵士の証言も聞くことができた。今まで顔を出さなかったのは、捕虜になった身だからという。仲間に合わせる顔もなかったと恥じ入っていた。「生きて虜囚の辱しめを受くる勿れ」という戦陣訓が染みこんでいるのだ。

捕虜といえば『ガダルカナル戦記』の取材（一九七三年秋頃から）を始めた亀井宏氏だったが、面談を申し込んでも断わられることが多かった。［地獄の戦場］といわれた「餓島」では戦うに弾丸はなく、ほとんどの兵士が飢えやマラリアで斃れていったからだ。

半死半生の状態で米兵に囚われた生存者にとってみれば、息子の帰還を願っている父母たちに、悲惨極まりない仲間の最期を伝えることは憚られたのだ。

だが、諦めることなくアプローチし続ける亀井氏の熱意にほだされて、兵士たちは重い口を開いていく。その後、時勢も相俟って真相を語ろうとする兵士が増えてきた。結果、ノンフィクションの傑作が生まれることになる。

直木賞作家の豊田穣氏も囚われの身となり、海軍兵学校のクラス会に出るのは戦後だいぶ経ってからのことだった。捕虜となったことを快く思わない者が多かったからだ。ちなみに捕虜第一号になったのは、海兵同期の酒巻和夫少尉であった。

余談ながら「海軍乙号事件」で捕虜となり、後に解放される福留繁連合艦隊参謀長は軍法会議も開かれることなく不問に付され、軍令部作戦部長にまで昇りつめる。

その豊田氏だが、インパール助攻作戦の宮崎繁三郎中将伝を執筆するために、一九八五年（昭和六十年）十一月の終わりに下北沢の宮崎宅に同道した。秋子夫人も健在だったが、子息の繁樹（後に明大総長）氏から話を聞いた。貴重な資料等も用意されていて、稔りの多い取材となった。辞去した後、駅近くの居酒屋で慰労会、おかみの接待も料理も良かった。豊田氏は「入る前に良い店か悪い店かの嗅覚が働くんだ」と鼻を蠢かしていた。

作家の秋永芳郎氏からの依頼で、ラバウル関連の兵士数人に会って話を聞いた。その中のラバウル憲兵隊分遣隊長の証言には慄然とした。テープを回しながら取材を進めていると、突然、ラバウル戦犯第一号でもある分遣隊長から、「テープを切ってください。これからの話はオフレコです」と言われて戸惑った。

そこで語られた内容は米兵捕虜の処遇等に関するものだった。巷間語られている今村均大将の実像にはそぐわぬものだった。秋永氏が『将軍の十字架・今村均大将伝』（一九八〇年七月刊）の中で活字にすることはなかった。口外禁止の故か、あるいは証言の信憑性に疑問を感じたからであろうか。

特攻に関する書籍が刊行され、論争が続いていた（一九八五年）頃、第一航空艦隊先任参謀・猪口力平大佐の親戚筋のフリーライターから、耳寄りの情報が入ってきた。「これまで公表されていなかった特攻の真実を、洗いざらい話したい」ということだった。

さっそく『提督有馬正文』の著作もある芥川賞作家・菊村到氏に話したところ、是非話を聞こうということになり、原宿の水交社で猪口氏に会った。

猪口参謀は、敷島隊隊長関行男大尉以下四名の出撃を見送っている当事者なのだ。その人から吐き出されるであろう証言に期待感は高まった。しかし、「特攻隊員たちは神様のようだった」を繰り返すだけだった。

何の収穫も得られず徒労感に襲われた。苦いコーヒーを飲んで、菊村氏と別れた。砂を噛む思いだった。

時おり、中島親孝連合艦隊作戦参謀を訪ねて話を聞いていた。その席で話題にのぼった提督たちの月旦は興味津々で、時間の経つのも忘れた。

たとえば、連合艦隊司令長官の豊田副武大将については「子供じみたところがあった」等々、身近に仕えた中島氏ならではの表現で、提督たちの素顔を窺い知ることが出来た。その人物評は歯に衣着せず辛辣だった。

そうした提督の人物評も混じえながら、連合艦隊作戦室の仕事ぶりを書いてもらうことにした。原稿は充分に本に出来る価値あるものだった。しかし、望んでいた提督たちへの批評めいたことは一行も書かれていなかった。サイレントネイビーということかと、苦笑せざるを得なかった。

一九八一年（昭和五十六年）の冬、東京郊外にある二階建てアパートの一階の一室を訪ねた。空母翔鶴運用長・海軍大佐福地周夫夫妻の住いである。福地大佐乗艦の翔鶴は、珊瑚海海戦、南太平洋海戦で米機の爆撃を蒙り、被弾して大破、炎上した。しかし防火・防水の責任者・福地運用長の巧みな指揮・統率で、被害を局限に留めた。編輯子が「瑞鶴は被弾せず避退できたのに、翔鶴は不運だったですね」と問うと、毅然として「翔鶴は武勲に恵まれたんです」と言われた。その面持に武人の本懐、矜持を見る思いがした。

戦争の真実を伝えることは難しい。捏造、隠蔽、錯覚、誤認、思い込み、誇張、矮小化、自己顕示、正当化等々。［真実の壁］に突き当たるからだ。しかし、真実を摑み、伝えていく道筋には心躍るものがあった。取材から得たものは真実に肉薄する大きな果実となったからだ。

これまで数多くの軍人・軍属の体験談を聞き取りしてきたが、いずれも傾聴に値するものだった。そうした様々な証言を後世に残す作業を使命感をもって続けてきたが、平和の礎になるものと確信している。それはまた共に歩んできた社の仲間たちの思いでもあった。

# おわりに

私の最後の仕事となったのは、テレビプロデューサーで学友・柳沢隆行君のライフワーク「美貌のスパイ鄭蘋如《テンピンルー》」だった。久方振りのクラス会が開かれる直前の刊行である。場はまさに出版記念会の様相を呈していた。柳沢君も嬉しかったろうが、私にも格別の思いがあった。なごやかな会だった。

本づくりの過程にあっては、柳沢君の友人で作家の三神國隆氏の協力を仰いだ。また共に仕事をしてきた編集部の鶴野（現姓川辺）智子さんには大いに助けられた。彼女の緻密な編集作業と頑張りもあり、良い本に仕上がった。田原総一郎氏も激賞するノンフィクション大作である。

翌二〇一一年十二月二十二日、退職の日を迎えた。その日の昼過ぎ、高城肇会長宅に夫人の八重さんを訪ね、心からの感謝を伝えた。形見分けということで、硯・硯箱、ネクタイを戴いて辞去した。

ちなみに高城肇社主は、文芸家協会会員で作家として「六機の護衛戦闘機」を始め、幾多の作品を著わしている。編輯子の師匠でもあるが、出版人としての物の見方・考え方＝

出版哲学・思想・作法＝を骨の髄まで叩き込まれた。出版理念の構築・完遂の一翼を担えたことは編輯子にとって誇りである。また高城会長を補佐して出版文化の成熟に寄与した営業畑一筋の川島裕副社長からも常時、適切なる助言と助力を戴いた。加えて社長の秘書役を担った経理部長の林貞夫氏からも大いなる力を得た。三人の先達には感謝しかない。

出掛けに出版部長の川岡篤君から、早目に、必ず帰ってくるように念押しされていた。社に戻ると、花束と記念品が用意されていた。高城直一社長は不在で、やむなく急遽、退職の挨拶文を原稿用紙に記すことにした。「稔り多い出版人人生を送ることが出来た」ことを謝し、「厳しい出版状況下にあっても、健康に留意して社業の継続・発展に邁進されることを願っている」との文面を書き添え、封筒に入れて彼の机の上に置いた。

川岡君、文庫編集長の藤井利郎君をはじめ、内海勉、坂梨誠司、高城二生、鶴野、小野塚康弘、雑誌編集長竹川真一、室岡泰男、真下潤、岩本孝太郎、営業部長南雲雅利、小嶋健一、田口武、高城恵子、広木美紗、高橋喜代美さんらに見送られて社を後にした。みんな笑顔だった。込み上げてくるものがあった。きわめて濃厚な家族的雰囲気を醸し出している職場だったのだ。

途中、飯田橋駅ガード近くの「鳥政」に寄り、店主で先輩の長島正治・貞子夫妻に退社の報告をした。ビールで乾杯し、早々にわが家への帰還となった。居間には、吃驚したような糟糠の妻の顔があった。

手元に「退社の感懐」と題された文章のコピーがある。二百字詰め原稿用紙一枚にこう記している。［澱酒］を飲みながら、深夜に書いたものだ。

「前略　このたびは退社にあたり、過分な御配慮をいただき、感激これに過ぎるものはありません。御厚情に心から御礼申し上げます。二十七歳で入社し、以来四十三年、出版人として充実した歳月を重ねることが出来ました。これも偏に皆様の御支援があったればこそです。ありがとうございました。皆様の御健康と御多幸を願っております。　草々」と。

翌日、先の感懐文を封筒に入れ、「潮書房光人社　御一同様」と記して古巣宛に投函した。やり遂げたという充足感があった。

余談を少々。仕事も佳境に入っていた頃、周辺から「アルコール依存症」ではないかとの声が聞かれた。西神田診療所の［赤ヒゲ先生］といわれていた斎藤義治医師にその旨話すと、こう言われた。

「長い間あなたを診ているが、依存症でもなければ、中毒でもない。いってみればアルコール耽溺症かな」と。「時おり、ドクターストップがかかったといって、休肝日をつくればいいよ」と笑顔を見せられた。

十代の頃から「オールディーズ」に惹かれていて折々、ジャズ喫茶「ラ・セーヌ」や「ACB＝アシベ」等々に足を運んだ。ニール・セダカ、デル・シャノン、スティーブ・ローレンス、ポール・アンカらの楽曲をよく聞いたし、歌いもするが、近頃はポール・アンカの手になる「マイ・ウェイ」の歌詞に共鳴し、時に差異を感じながら、八十三歳の今も歌い続けている彼の姿に勇気づけられる。自然と自己の辿ってきた道と重ね合わせながら、胸奥まで響いてくるその歌声に酔い痴れ、魂を揺さぶられている。無論フランク・シナトラ、エルヴィス・プレスリーの歌唱も劣らず素晴らしいのだが……。

編輯子を育み、成長させてくれた多くの人たちの顔が浮かんでくる。井上理二（磯風操舵員）氏、小板橋孝策（愛宕操舵員）氏、高戸顕隆（照月主計長）氏――三人の大先輩の面差しは今も忘れることはない。

田河水泡氏、高見澤潤子氏ご夫妻には身に余る御厚情を戴いた。終生、胸奥に刻む。

行動美術協会会員で国立近代美術館、栃木県立美術館に油彩画が展示されている下高原千歳氏、郵政博物館に油彩画を遺された上原重和氏、SF小説「宇宙英雄ペリー・ローダン」シリーズ（早川書房刊・全三六七巻）の表紙・挿絵を三十八年間にわたって書き続けた依光隆氏――依頼された一仕事を終えられ、その余韻を漂わせる画伯たちと、個展・展覧会会場の控室で御自宅で酒場で語らった。御蔭で春風駘蕩、安心立命の時空を過ごすことが出来た。

森繁久彌氏、芦田伸介氏らが属した満州（中国東北部）の「新京放送劇団」で、戯曲を書いていた文芸家協会会員、作家の楳本捨三氏ご夫妻とは、温和で住まいが近くの営業部長南雲雅利君を交えて話が弾んだ。氏の謦咳に接することが出来たことは僥倖だった。

直木賞作家の江崎誠致氏を訪ねると、必ず豆を碾いてサイホンで点てたコーヒーを出してくれる。香りを楽しみ味わいながらの歓談。数疋の狆が出迎えてくれる詩人で直木賞作家の伊藤桂一氏宅では、ブランデーを灌いだ紅茶と菓子での和やかなひと時。文芸評論家の木村久邇典氏は山本周五郎研究の第一人者でもあるが、一献傾けながらの談笑。すべてが至福の時間だった。各位には御礼の言葉もない。

日本ペンクラブ会員で作家の早瀬利之氏は、資料を収集し、取材を重ね、昭和史の発掘に精力的に取り組んでおられる。今もその御手伝いが出来ることは、嬉しく有難いことだと思っている。

今日まで公私ともに励まし支え続けてくれた友の氏名を掲げて感謝の証としたい。沢井元、寿原孝満、高品和正、田中敏夫、蓮池一晃、長谷川豊美、広沢克宣、渡辺勝彦。早くして亡くなった渡辺君は寡黙だが、優れた判断力、実行力を持った好男子だった。彼の死後も、渡辺君ならどう決断し行動するか――と自身の考えを廻らした。外柔内剛、不屈の大人物・日弁連副会長も務めた田中君が旅立った。また幼馴染みで映画・演劇に造詣が深く、胆力ある弁護士の寿原君も冥界の人となった。寂寥感に襲われる。

同時代を生き、共に雑誌づくり、書籍づくりに精魂を傾け、切磋琢磨して社業を隆盛に導いた潮書房・光人社の仲間たちとの日々が鮮烈に蘇る。心からの謝辞を刻したい。

私事ながら、妻・一子、二人の娘・祥子、純子には随分と面倒をかけた。寛恕願いたい。只管深謝。

なお、編輯子人生を形づくり、彩りを添えて戴いた方々の御芳名を別頁・芳名録に掲げた（順不同、敬称略）。深甚なる謝意を表したい。その多くの方々が鬼籍に入られている。

松尾芭蕉の「やがて死ぬけしきは見えず蟬の声」の句、「無常迅速」の言が胸にしみ入る。
本書の刊行にあたり、得がたい友人でもある日本ペンクラブ会員で元就出版社社長・濵正史氏及び専務取締役の濵美代子氏にはひとかたならぬ御尽力を戴いた。思えば三十数年前、松濤館空手連盟陽空会館長・大森福雄師範に濵氏を紹介され、その日から交流が始まったのだ。出版人として教えられることも多く感謝にたえない。心より御礼を申し上げる。

二〇二四年十月

牛嶋義勝

＊芳名録

【著作家】亀井宏、豊田穣、相良俊輔、菊村到、村上元三、戸川幸夫、棟田博、真鍋元之、秋永芳郎、村上兵衛、八木義徳、ジョン・トーランド、榛葉英治、阿川弘之、吉村昭、太田俊夫、川村晃、甲斐克彦、村松剛、富沢繁、進藤純孝、保阪正康、森史朗、岡田和裕、青山淳平、西村滋、尾崎秀樹、檜山良昭、塩田潮、小松茂朗、佐藤早苗、羽田令子、岡本好古、木村勝美、大野芳、高橋泰邦、松田十刻、片岡紀明、小林久三、新野哲也、柳田邦男、碇義朗、赤松光男、平岩弓枝、杉本苑子、永井路子、林えいだい、早乙女勝元、中島道子、岩川隆、高木俊朗、佐藤和正、山田盟子、梅崎春生（恵美子）、有馬頼義（千代子）、火野葦平（玉井英気）、飯尾憲士、武田鏡村、小山美千代、吉岡道夫、千賀基史、谷川美津枝、矢野誠一、諸井（現姓松本）さとみ、細川呉港、井口朝生、岸見勇美、河信基、三神國隆、上原光晴、山村基毅、宮野澄、田村洋三、沖藤典子、童門冬二、半藤一利、阿刀田高、伊東昌輝、高見澤潤子、浅野晃、于強、鹿島孝二、山手樹一郎。

【学究】伊藤隆、工藤美知尋、外山三郎、佐々木晃、ブライアン・ヴィクトリア、春山和典、西部邁、石田収、三野正洋、佐貫亦雄、石垣貴千代、松下芳男、永島利明、杉山徹宗、安西二郎。

【研究・専門家】雨倉孝至、熊谷直、高木惣吉、実松譲、千早正隆、紀修一郎、今西英造、兵頭二十八、大谷内一男、松尾一郎、村松劭、秋本実、寺田近雄、木俣一男、金明哲、松井茂、佐藤優、山本峯章、関文行、石井正紀、坂本敏夫、今井健嗣、黄文雄、井原裕司、吉田次郎、岡野充俊、伊藤正徳（久美）、福島克之、妹尾佐太男、片桐大自、菅原完、岩崎剛二、ヘンリー境田、安岡正隆、北影雄幸、白石良、土門周平、仁科又亮、野沢正、中野五郎（園枝）、堀越二郎（郁子）、戸高一成、藤井治夫、藤田昌雄、渡辺洋二、原勝洋、福井静夫、阿部安雄、岩野正隆、秋山信雄、森本忠夫。

**【画家】** 田河水泡、山崎佐一郎、斎藤三郎、土井栄、青山博之、高橋幸彦、斎藤博之、小松崎茂、根本圭助、永田竹丸、長沢卓重、加藤孝雄、生来範義、蓬田やすひろ、梶鮎太、斎藤邦雄、おおば比呂司、手塚治虫、水木しげる、清野幸子、山内一生、わちさんぺい、古田卓造、内山卓三、寺尾知文、アオシマチュウジ、伊東莫、上田毅八郎、南村喬之、鞍懸吉人、カゴ直利、守田勝治、久留見幸守、松山ゆう、安彦講平、飯塚羚児、清つねお、福井孝、小貫健太郎。

**【装幀・写真家】** 森下年昭、松田行正、高麗隆彦、石垣（現姓原）真理子、野原茂、唯野信広、柴田重美、長尾信、倉吉忠興、薗崎俊二、山本美智代、佐藤輝宣、坂田政則、本間金資、かわなかのぶひろ、影山光洋、氏家昭一、石井幸之助、吉田一（巳）、加藤健一郎、柴田三雄。

**【出版・印刷・報道】** 橋本哲男、加藤正夫、矢沢昭郎、牧島貞一、鈴木英次、高橋千劔破、井岡芳次、貝瀬博文、大久保房男、堀内俊宏、星山義市、田中明治、高野正、森川正義、田口博昭、畠山貞、浜井武、奈須田敬、高瀬広居、平沢公裕、杉山頴男、高田栄一、塩澤実信、川井純夫、飯塚劭、世良光弘、安藤泉、エイミー・ツジモト、増井康一（房子）、栖原イズミ、鈴木俊作、岩本実、小林啓次、湯本武雄、中橋昭、塚田義明、鈴木五郎、岡田益吉、小田切誠、小田部家正、柚留木広文、森北裕、鳥海忠、笠原裕二、岡田和子、梅崎義人、宮田親平、桜田満、桜井裕、山我浩、江崎惇、桑田忠幸、韮沢謙、栗山洋児、内藤初穂、仲村明子、乙津浩一郎、伊藤一男、西崎靖、細野耕三、井上（現姓平本）敦代、藤井久、堤堯之、天堂普助、福島亮平、原田暻、藤村良男、立沢節郎、牧野良祥、丑山佐千男、向笠千恵子、中村哲雄、庄司良弘、上田建男、小野篁、堀元也、石丸淳也、佐藤尚志、加藤辰雄、彦坂五郎、柿沼、張替政展、岡田章雄、飯田邦幸、石川勤、高橋和浩、吉田真一、畠山尚、岸田勝茂、川島重成、大野達也、出口範樹、茶山信男、大木主計、菊池征男、高野弘、水田晃、日岐敏、山口勘三、小山一志、田口作蔵、山野、須藤春夫、川内宗大、山下三郎、広川壽夫、石渡幸二、作本捷一郎、桐野克則、大塚、山口、小高志男、福沢、仙波正昭・正樹、中島正人、東谷暁、高戸ベラ、韮沢潤、神野正美、田原総一朗。

**【放送・演芸】**野村泰治、小坂秀二、鈴木治彦、川上裕之、高橋辰雄、幾瀬勝彬、小谷野修、篠原昌人、升本喜年、升本由紀子、渡辺みどり、三好美智子、森川正太、関敬六、鶴田浩二、横澤裕一、森繁久彌、中城まさお、吉永光里、古都きよみ、原淳、殿島周二、三遊亭柳喬（穴田實）、柴田英里（英子）、根本順善、西河克己、須崎勝弥、今戸公徳、毛利恒之、小川義夫、青木健、川島常稔、相沢徹、大林宣彦、野村芳太郎。

**【旧軍関係】**米内光政（剛政）、吉田善吾（清）、宇垣纒（富佐子）、辻政信（千歳）、新藤常右衛門、河内山譲、森岡寛、福地周夫、松永市郎、小林孝裕、福地誠夫、吉田俊雄、門奈鷹一郎、坂井三郎、穴吹智、グレゴリー・ボイントン、上村嵐、小福田租、朝枝繁春、寺本弘、佐藤弘正、斎藤政治、金子収男、竹井慶有、久住忠男、橋本衛、大高勇治、志柿謙吉（忠邦）、都竹卓郎、尾川正二、板倉光馬、草鹿任一、藤岡泰周、阿部三郎、元木茂男、黛治男、奥宮正武、檜與平、黒江保彦、東秋男、中野忠三郎、豊田隈雄、寺崎隆治、島田豊作、樋口季一郎（季隆）、小柳冨次、下平忠彦、重本俊一、門司親徳、中島親孝、松浦義教、高崎伝、森重昭、刈谷正意、井坂源嗣、高瀬湊、水本務、蜷川親正、大森常良、上村喜代治、渡辺紀三夫、大多和達也、森拾三、土方敏夫、鳥巣健之助、北出大太、比留間弘、猪口力平、舩坂弘、小高登貫、田中悦太郎、左近允尚敏、斎藤正久、草地貞吾、片倉衷、三根生久大、田中稔、本田寿男、岩崎嘉秋、佐藤清夫、松波清、島川正明、浦田耕作、石倉豊、川合昌一、増戸興助、荒木浅吉、小灘利春、高橋一雄、阿部善朗、前田勲、坪井平次、永末千里、柴田武雄、宮崎勇、高橋秀治、飛永源之助、村岡英夫、宮本郷三、斎藤睦馬、緩詰修二、林年秀、新井貞一、岡正雄、安延多計男、藤井重夫、江草降繁（清子）、関亮、橋本以行、植竹保治、阿部善次、横森直行、肥田真幸、増間作郎、本間猛、小山進、瀬間喬、小島光造、西田正雄（正人）、槇幸、萬代久男、岩佐二郎、入江忠国、沢岡信男、山口多聞（宗敏）、武田信行、瀬島龍三、櫻井光夫、後勝、佐用泰司、後藤英一郎、山田穣、田中一郎、池渕隆一、橘勲、斉木金作、深沢敬次郎、土井勤。

**【全般】**宇佐美進一、道本武彦、柳沢隆行、宮沢勉、大熊健司、藤原源吉、武田専、橋口峻、大森英幸、菊池清麿、三好誠、吉村伸一、矢部俊彦、小山健一、富田康子、川瀬治雄・千鶴子、平山春樹、好井とし子、宅島徳治、仲田美佐登、松浦秀明、儀同保、青田昇、樋口晴彦、桜井誠子、川村正時、河村尚武、阪口雄三、古勝信子、岡村治信、赤沢八重子、高橋巖夫、青柳清五郎、矢部堯男、相沢直人、伊藤宏、稲葉清二、寺西功、大熊鎮成、大野欽也、国分政士、斎藤良昌、今井豊、市岡滋久、堀切充、岩本武、今関倍夫、林田博、三沢真也・久美子、濵聖哉、石井昭、庄司三夫、山口泉、飯田（旧姓木村）富夫、石田瑞、川上真、榊原武治、田丸悟、市川正始、新井宏幸、岡部雄太、平田泰敏、野口達郎、橋本槇矩、長田一男、釘宮和也、藤田正明、荒木良夫、西村春樹、長谷川和信、上野重之、五十嵐義晃、佐藤純、佐藤紀久男、薄葉隆一、金井英明、堀部典章、伴正敏、吉沢明博、菅原康人、田中拓自、生形武、グダルジ、金子亜紀広、中山和明、桑原信秀、小高志男、徳田正直、佐藤俊作、玉置一郎、早川和夫、橋本勝典、東千賀、小林正夫、伊藤征輝、芳賀嘉一、並木平八、上田清、江頭保司、大森福雄、樋浦直久、大久保邦彦・桂子、青沼実・峯子、牛嶋義定・実千代、岡崎和男・友子、奥村悦夫・節子、奥村哲成、庄司芳子、牧野淳、川島光男、清水、桃井秀夫、牛嶋てい、牛嶋篤美・春江、牛嶋輝・文恵、斎藤登見、碓井哲雄、牛嶋正彦、標葉良助、富沢富久子、豊田笑子、伊藤（旧姓嵯峨山）康子、関珂英子、棟田小夜子、石橋堅次郎、渡辺寿・百合子、沢井ますみ、加藤興三郎、西浦克輝、中野義博、橋本勝利、斎藤宏、芦沢宏生、井出泉市、下条正隆、直井修、西川道夫、石川（旧姓且味）恵美子、宮田勲、宮川泰彦、熊谷俊紀、境武敏、瀧本清明、吉田知敬、松山守、真篠宏明、馬場宣幸、安藤茂延、鈴木正孝、加藤洋太、伊藤實、山田秀介、内田賢二、河野洋子、岡本忠則、伊藤千代美、佐藤昌子、渡辺佐嘉恵、田中福子、茶山紀久子、鈴木靖夫、小嶋睦生、山下信夫、田島（旧姓篠山）昭、中嶋（旧姓井村）三雄、柏崎孝二郎、脇坂健蔵・知江子、寺田禎男、斎藤義治、長島正治・貞子、谷合憲治・吉野。

## 牛嶋義勝（うしじま・よしかつ）

1942年1月、東京都港区赤坂に生まれる。1960年4月、中央大学法学部法律学科に入学。同好会黒百合山の会（会長・沢井元）所属。1964年3月、同大学同学部同学科卒業。1964年4月、高千穂交易株式会社入社。1966年7月、同社（バロース会計機営業部）退社。1966年9月、協同組合新宿専門店会入社。1969年2月、労働組合執行委員長辞任。同社（営業部）退社。1969年3月、潮書房・光人社入社。広告制作、「丸エキストラ版」、ラジコン模型雑誌「SEA & SKY」の編集を皮切りに丸別冊「戦争と人物」「戦史と旅」と併行して、書籍、文庫本の編集に携わる。無署名や北野一義、柴義英、高嶋勝美、野嶋智義の筆名でも執筆。純谷祥一の名で装幀も手がける。2007年1月、専務取締役退任。主席編集委員。2011年12月、潮書房・光人社退社。2012年1月、株式会社元就出版社主席編集委員。傍らフリー編集者として現在に至る。

特技：合気道、空手道（松濤館流4段、松濤館空手連盟陽空会新座支部長、新座市空手道連盟副会長を務める）。

資格：宅建士、行政書士。

趣味：水泳、登山（2015年9月10日7：45AM、キリマンジャロ登頂）、ウォーキング、ストレッチ、古書店廻り。

（左写真）キリマンジャロ山頂の筆者。（右写真）2014年1月13日、左から筆者、玄制流武徳会の伊藤征輝氏、筆者と同門で奥多摩登山の師・寺田禎男氏。

編輯子の雑記帖

2024年12月13日　第1刷発行

著　者　牛嶋義勝

発行者　濵　正史

発行所　株式会社元就《げんしゅう》出版社

〒171-0022 東京都豊島区南池袋4-20-9
サンロードビル2F-B
電話 03-3986-7736　FAX 03-3987-2580
振替　00120-3-31078

装　幀　クリエイティブ・コンセプト

印刷所　モリモト印刷株式会社

※乱丁本・落丁本はお取り替えいたします。


ISBN978-4-86106-281-0　C0095

# 編輯子の雑記帖

## ――雑誌・書籍づくり覚書

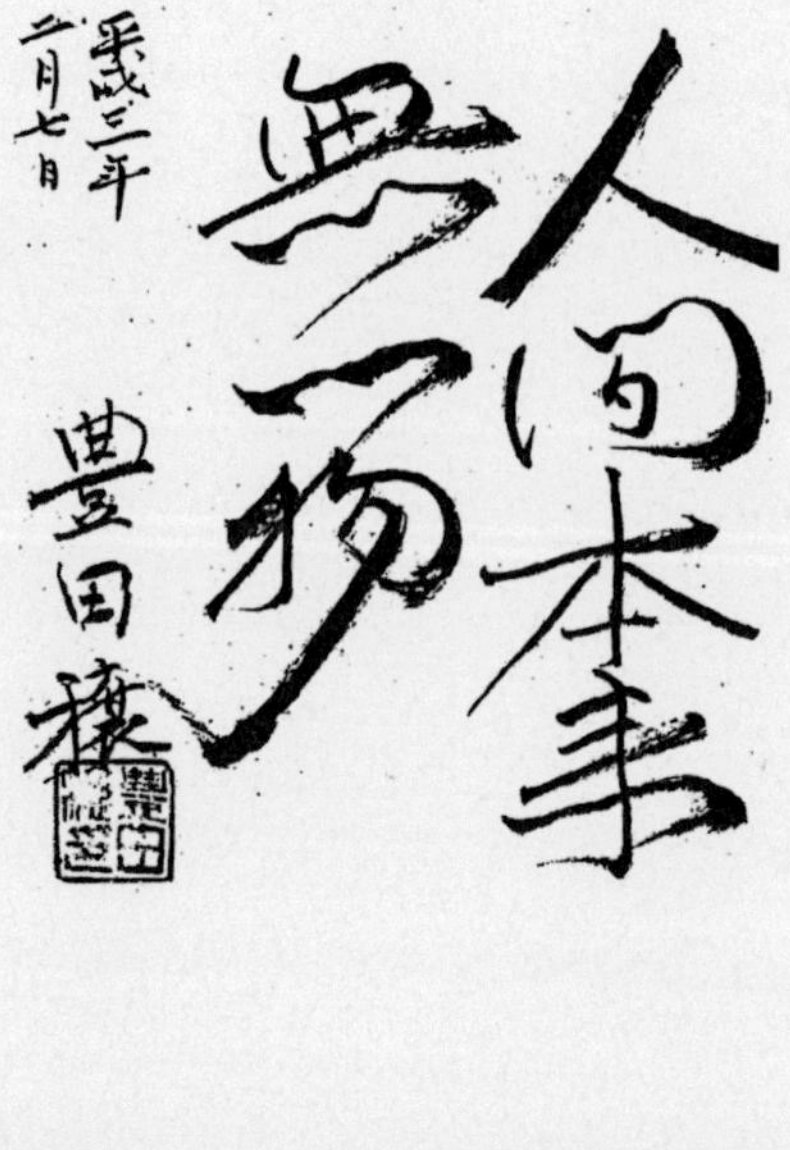